마음의 선물

韓石根 5매수필의 맛

도서출판 경남

| 서문 |

福된 마음으로

저녁노을이다.
좀처럼 물러서지 않을 것 같던
여름이 지나고 뒤늦게
찾아든 가을이 누리를 물들인다.
이 가을이 지나면 겨울,
또 한 해는 맥없이 지나가려나.
문학을 시작한 지 올해로 반세기
그동안 무엇을 이루어 놓았는지
아무것도 없고 잡다한 글
헤적여 낸 책 여남은 권
주머니 마르게 푼돈 앗아간
대가치곤 야속하다
하지만 어쩌랴, 남 탓하기보다
내 저지른 죄인 걸 어쩌랴
후회 없이 그냥 만족하며

행복한 마음으로 일상을 꾸려 가자

5매수필五每隨筆(掌篇隨筆)을 대표에세이문학회에서 새천년부터 시도하여 좋은 호응을 얻었다. 과거엔 장편掌篇이라 하여 옛 문인들이 많이 남겼다.

그동안 여러 책에 쓴 5매수필을 모아 책을 내려니 두께가 얇아 긴 수필을 보탰다. 글 쓰는 일은 천직이니 꾸준히 쓰며 쌓이면 또 책으로 묶으리라.

서평을 맡아 준 정목일 님, 출판과 교정을 맡아 애써 준 오하룡 님께 감사드리며, 특히 내 문학을 이해하려고 곁에서 따뜻하게 격려해 주는 가족에게 감사한다.

2008. 10. 10

白楊山莊에서

차례

두번째 방

세번째 방

네번째 방

다섯번째 방

첫번째 방

삽화 | 李昌昊

매향梅香

올해도 어김없이 매화가 꽃망울을 터트렸다.

이십여 년 전 창원에 있는 분재묘상盆栽苗商에서 토종 청매를 너댓 그루 구해서 분에 올렸다. 정성을 쏟았더니 탈 없이 잘 자라서 해마다 2월 초순이 되면 어김없이 꽃을 피운다.

여린 꽃잎에서 피는 방훈芳薰에 반해 손 벌리는 이웃에게 나눠주고 이제 두 그루가 남았다. 그중 한 그루를 오늘 아침 거실에다 옮겨 놓았더니 온 방안에 방향청복芳香青福이 가득하다.

며칠 후면 옛 친구가 온다는데 혼자 앉아 향을 맡으려니 쑥스러워서 한 분盆은 꽃망울이 벙글지 않게 노지露地에 두고 한풍을 쐬야겠다. 좋은 청향을 벗에게 선물하려니 마음이 설렌다.

신新사군자四君子

문방사우文房四友에 종이, 붓, 먹, 벼루가 있듯이 사군자四君子라면 의당 매, 난, 국, 죽을 들었다.

근래에 와서는 매란국죽梅蘭菊竹에서 매연국죽梅蓮菊竹으로 바뀌고 있다. 향기로 치자면 난이 연꽃보다 훨씬 향기가 짙으나 염화심拈華心을 상징하고 더러움을 씻고 중통외직中桶外直은 난보다 고고함을 더 한다 하여 신사군자로 불린다.

송나라의 유학자 주염계周廉溪*는 연꽃을 좋아해 애련시愛蓮詩를 남겼다.

나 홀로 연꽃을 사랑하니/ 진흙탕 속에서 꽃을 피웠으면서도/ 오염되지 않았고/ 맑고 깨끗한 꽃을/ 피웠으면서도/ 그 요염함을 자랑치 않고/ 속은 비었어도 밖은 곧으며/ 넝쿨도 없고 가지도 없다

予獨愛蓮之出淤泥而不染, 濯淸蓮而不妖, 中通外直, 不滿不枝

여독애련지출어니이불염, 탁청련이불요, 중통외직, 불만불지

진나라 도연명은 국화를 사랑하였고 이당내는 모란을 매우 사랑하였으나 주염계만은 연꽃을 군자라고 말하였고, 국화를 예찬한 도연명은 서리 맞은 국화를 따서 국화주를 담아 마실 만큼 무서리를 맞고 뜰에 가득 핀 국화를 좋아했다.

옛 선비들의 시서화에는 매란국죽 사군자가 그림자처럼 예찬되었으나 이제 나 또한 연꽃의 자비로움과 스스로 상정常淨을 반복하는 연꽃의 자비심을 바라보리라.

내 집 뜰에도 예닐곱 항아리에 물을 담아 연꽃을 피워 완상하고 있다. 끝내 무서리에 시들어가는 뜰의 황국처럼 우리 인생도 저물어 갈 테지만, 늘그막에 주염계의 애련설愛蓮說을 애독하며 뜻있는 노후를 보내리라.

*주염계 : 본명은 주돈이周敦頤(1017~1073). 중국 송나라의 유학자이며 도가사상의 영향을 받아 새로운 유교이론을 창시했다. 세계는 태극→음양→오행→남녀→만물의 순서로 구성된다고 보았으며 도덕, 윤리를 강조하고 우주생성 원리와 인간도덕 원리는 같다고 주장했다. 저서엔 《태극도설太極圖說》《통서通書》가 있고 수필 《애련설》에는 그의 고아한 인품이 표현되고 있다.

오엽梧葉에 지는 빗소리

모촌牟邨 선생의 수필집 《오음실주인吾陰室主人》에 이런 대목이 있다.

'오추梧秋 또는 오월梧月이라 하는 7월, 오동에 내리는 빗소리와 바람에 살랑이는 잎새 소리로 더욱 오동은 좋다' 고 했다.

이 대목은 선생께서 상도동에 이사해 살 때 느닷없이 좁은 마당 수돗가에 돋아난 오동나무 한 그루가 몇 개월 만에 훌쩍 어른 키를 지났고 종내는 다음 해가 되자 집을 온통 덮어서 여름 햇살을 가려주는 그늘을 만들고, 소낙비 내리는 날이면 그 오동잎에 지는 빗소리가 아주 정겨움을 주었다는 수필이다. 이 밖에도 윤 선생은 〈오음실주인〉에서 오동잎에 지는 빗소리를 예찬한 명문장이 있다.

'…상심傷心과 장한長恨을 달래주는 오엽에 지는 빗소리는 심금을 울린다' 고.

이제 그 꼬장꼬장한 조선 선비 같던 지조와 기개를 가졌던 선생이 애석히 떠났으니 가슴 깊숙이 적셔주던 서정의 샘물은 어디서 다시 맛볼 수 있으랴.

지난 3월 선생은 일흔 나이로 홀연히 이승을 떠나셨다. 이제 다시 만날 수 없다고 생각하니 그립고 안타까울 뿐이다.

오동꽃 피는 오월五月

오동꽃은 오월에 피는 꽃 중의 꽃 화왕花王이다. 보랏빛 짙은 꽃술은 가지마다 주절이 피어서 꽃잎만큼 많은 열매를 맺는다.

천수만엽千樹萬葉 가운데 가장 잎이 넓어 넉넉한 그늘을 만들고 날짐승의 제왕인 봉황도 이 오동나무에만 찾아와 앉는다. 비록 재질은 연하지만 지닌 의지와 뜻은 깊어 천년이 가도 그 소리는 변치 않는다. 그래서 오동을 가리켜 군자다운 나무라 말하기도 한다. 흔히 오동을 비유할 때 '봉황은 아무리 배가 고파도 대나무꽃이 아니면 먹지를 않고 오동꽃이 피는 나뭇가지를 골라 앉는다' 는 말이 전해온다.

웅촌면 대복리에서 대한댐으로 오르는 고갯마루에서 잠시 숨을 고르고 남쪽으로 난 소로를 따라 들면 더 넓은 과수원 주변에 하늘에 닿을 듯 허공 높이 솟은 오동나무 대여섯 그루. 올해도 주절이 오동꽃이 핀 모습을 완상하며 잠시 시상에 잠겨 보리라. 행여 봉황이 찾아올는지.

연등燃燈

연꽃은 불교를 상징하는 염화미소拈華微笑이다. 시궁창의 썩은 물속에서 꽃을 피우지만 더러운 물을 정화하는 능력을 가졌고, 스스로는 더럽혀지지 않는 처렴상정處染常淨이며, 하루 피어 꽃 짐과 더불어 화과동시花果同時의 식물이 연꽃이다.

중생을 구제하고 온갖 추한 업보와 죄악을 씻어주는 처렴상정은 생사의 갈림 끝에 서도 본연을 잃지 않는다. 또한 화과동시는 그 누구보다도 본연의 거스를 수 없는 인과율을 상징하는 것으로 부처님이 가르치는 정도의 핵심사항이다.

4월 초8일이 되면 가깝고 먼 사찰을 찾아 내남없이 연등을 달고 길흉화복, 무운장수, 소원성취를 빈다. 정작 왜 연등을 밝히는지조차 그 의미를 많은 불자들은 알지 못한다.

연등행사는 힌두교인들이 그들의 신에게 물, 향, 꽃, 등불과 음식을 바쳐 신(부처님)을 추앙하는 습속에서 시작되었다.

불교가 우리나라에 들어온 이후 신라 경문왕 6년(866)과 진성여왕 4년(890) 정월 대보름에 황룡사에 연등을 달고 불이 꺼지지 않도록 했다. 또한 진흥왕 때는 연등회를 가지기도 했다. 고려시대에는 국교와 다름없었던 불교는 연등회가 큰 명절의 하나로 정월 대보름과 2월 보름에 열렸는데, 그 후 4월 초파일로 바뀌었다.

올해도 부처님 오신 날에 크고 작은 사찰마다 사람들이 넘쳐났다. 아이 어른 할 것 없이 소원성취의 연등을 달기 위해 법당 안은 발을 들여놓을 틈이 없었다. 어디서 나온 속설인지는 몰라도 세 곳의 절을 찾아보아야 복을 받는다고 하니 그 연등 값이나 시줏돈만 해도 만만치 않다.

지난해에는 남들이 다 하니까 덩달아서 일정한 곳 없이 절을 찾아 연등을 달았으나 올해는 한 곳도 가지 않았다. 사찰마다 속내를 보이는 배금현상은 심기를 더욱 불편하게 하기 때문이다.

연등을 켜는 진정한 의미는 부처님의 가르침과 자비로움을 온 세상에 비치게 함이다. 또한 미망에 허우적이는 중생들을 위해 지혜로운 등불을 밝히는데 있다.

연등燃燈을 켜는 것은 처렴상정의 깊은 의미가 담겨 있음을 알아야 한다.

바다의 물결 소리

장 콕토는 '바다의 물결 소리'를 소라 껍질을 통해 들으려 했을까?

내 귀는 하나의 소라 껍질
그리운 바다의 물결 소리여

단 두 줄의 짧은 시는 영원한 명시로 세계인들의 가슴속에 새겨져 애송되고 있다.

그렇다. 해변에 나서면 넘실대는 푸른 바다에서 육지로 밀려오는 물결은 파도를 만들고 그 파도는 모래톱과 바위를 찰싹이는 음악이 된다.

이런 해변의 모습을 가까이서 바라보는 것보다는 먼 곳에서 바라보면 더욱 낭만적이다. 아스라이 넘실거리는 담청색 바닷빛은 언제 보아도 일망무제 속에서도 양양하고 아름답다.

세계의 3대 미항이라는 두 곳을 가보았다.

이태리의 소렌토항과 호주의 시드니항을, 또 한곳 브라질의 리우데자네이루항은 역사에서 배우고 지도에서만 보았을 뿐, 실제 가보지는 못했다. 이들 두 항구에서 보고 느낀 것은 제각기 가진 풍광과 특징은 있었으나 정말 낭만적이고 아름다움을 주는 그런 해변은 아니었다.

바다의 물결 소리가 들려올 듯한 아늑한 해변, 낭만이 숨쉬는 아름다운 바다 풍경은 느끼지 못했다. 그만한 해변과, 항구는 한반도 어딜가도 견줄 만하게 산재해 있다. 다도해의 크고 작은 섬들이 내다보이는 그림 같은 풍광은 정말 시흥을 저절로 느끼게 하는 절경의 바다이며 숱한 바다 소리를 들을 수 있는 서정의 무대이다.

3면이 바다인 한반도. 동해의 하얀 모래톱은 바라만 보아도 눈부시고 가슴이 뛴다. 감벽의 바다는 가슴 높이만큼 출렁이고 어요漁謠 따라 아침을 여는 노을 속에 섬기슭의 물결 소리는 자연에서 들려오는 생동의 음악이다.

'남서해의 남빛 바다, 그 바다는 어민들의 삶의 요람이며 터전이거늘, 왜 세계적인 해양문학은 빛을 볼 수 없었던가?' 하는 의문을 갖게도 한다.

지중해 바다가 아름답다 해도 우리나라의 동남해 바다에 따를 수 있으랴.

나는 갯냄새 나는 해변에서 태어나 자랐다. 그래서 바다를 알고 물결 소리를 느낄 줄 안다. 어쩌면 장 콕토보다 더한 바다의 물결 소리를 들을 수도 있고 노래할 수도 있다. 그러나 모든 사람들의 가슴을 감동시켜 줄 물결 소리를 전해주지는 못했다.

실미도失尾島, 이 하루

지난 60년대에 세계의 영화시장을 놀라게 했고 관람객들에게 흥미와 감동을 주었던 영화 〈10계〉를 생각하며 바닷길을 걷는다.

간만干滿의 조수 차이를 모를 때 같으면 신神의 계시라 해도 믿지 않을 사람이 없을 만큼, 꼭 기적과 같이 바닷물이 물러난 길을 지난다. 어쩌면 믿기지 않을 현상이다.

무의도舞衣島에서 이어지는 섬과 섬의 연육지連陸地 같은 길을 따라 실미도를 찾았다. 우거진 숲이 마음을 끄는 섬은 섬이 아니라 야산이다. 넓지 않은 면적을 빙 둘러싼 나무들과 꽃들이 마치 동화 속에서나 있음직한 그런 곳이다.

잿빛 바다와 진초록의 수림과 푸른 하늘이 이루어 낸 실미도 풍경은 한 폭의 낙원이다. 자연스럽게 된 해당화가 엷은 갯바람에 잎새를 살랑이고, 붉게 익은 보리수 열매가 유년을 손짓한다. 키대로 자란 팽나무, 산벚나무, 화려하게 하얀 계절의 드레스를 입은 아카시아, 한껏 남성미를 자랑하는 듯 억센 바늘잎의 해송이 한뼘의 공간도 없이 저마다 수형을 뽐내며 건강하다.

산 능선 가파른 길을 따라오르니 그토록 유명세를 탔던 실미도의 특공대 단원들이 머물렀던 그 현장엔 자연 그대로의 해안뿐이었다. 무시로 해안을 어루만지는 바닷물과 바위, 풀과 나무들, 바람과 햇살만 있을 뿐, 텅 빈 모래벌판엔 원시의 섬이 실소失笑하듯 나뭇잎을 띄우는 물결 소리만 아련하다.

돌아오는 뱃길에 물에 빠져 허우적이는 남근바위를 바라보며 시 한 편을 건진다.

아직 포경包莖도 하지 않은
남근男根바위가
아침엔
짝 잃어 토라진 형상이더니
해질 녘 들물에 젖어 청춘이다.
시작도 끝도 없고
끝도 시작도 없는
실미도 풍경

저녀석 좀 봐, 남근바위
부끄러움도 없이
슬며시
노을 속에 빠져든다

—〈남근바위〉 전문

허상虛想

지난해 가을 김장 때 쓰려고 집 뒤의 언덕을 일구어 50포기의 고추묘를 심었다. 밑거름을 주고 가뭄 때 물을 주며 알뜰히 가꾸었다.

여름이 시작되면서 탐스럽게 달린 고추가 하루가 다르게 익어갔다. 태풍을 잘 견뎌 내라고 친척집 대밭에서 베어온 대를 쪼개어서 지주목까지 꽂았더니 늦여름 수확이 제법이었다. 한 스무 근 넘게 될 거라며 아내는 대견해 했다.

그러나 고추를 가꾸느라 부부는 중노동을 감내해야 했다. 물을 긷고 거름을 나르고, 김을 매고, 힘겹게 지은 농사였다. 김장 때 농사지은 고추를 빻아서 김치를 잘 담았다.

올해는 10포기만 심었다. 지난해 힘겨운 농사를 지었기에 올해는 무리하지 않으려는 심사에서다. 열 포기의 고추는 잘 자라서 제법 붉은 빛을 띠며 수확을 시작했고, 얼추 열 근은 될 것 같다. 지난해에 비해서 힘이 덜 든데 비해 괜찮은 수확이다.

나는 농어촌에서 태어나 8남매의 장남으로 자랐다. 부모님은 장남을 공부시키려고 내 위로 셋 누나들은 초등학교만 시켰다. 줄줄이 층층시하 열다섯 대농가의 식구들은 밥 먹는 것도 아침저녁 전쟁이었다. 그런 대가족 속에서 남동생 셋, 누이 하나는 중등학교를 마치게 하였으나 힘든 부모들의 희생은 나이 들도록 여간 아니었다.

'욕심 내어 자식농사를 많이 짓지 말고 열 포기 고추묘를 심어 수확하듯 자식농사도 그렇게 지었더라면 힘들지 않았을 것을' 하는 생각을 고추밭 둔덕에 앉아 잠시 허상에 젖어 본다.

만선의 꿈

새벽부터 김영감은 이집 저집을 돌아다니며 뱃사람을 깨우느라 바빴다.

하늬바람이 사나운 겨울 바다는 해안을 향해 달려오는 파도가 거셌지만 김영감은 바다로 나가 어장漁場물을 보고 싶어 좀이 쑤셨다.

아침해가 솟은 지도 한참이 지나서야 어부들은 하나 둘 모여들었고, 맨 나중에 어장 배의 선장 격인 고사공이 나왔다. 그제서야 모인 사람들은 바다로 가자느니, 파도가 거세니 가지 말자는 의견이 분분했다. 듣고 있던 김영감은 행여 배가 바다로 나가지 않을까봐 엇갈리는 의견 따위는 무시해 버리고 어장물을 보러 가야 한다고 핏대를 세우며 우겨댔다.

어젯밤 꿈에 흰 옷을 입은 노인이 나타나서 그물 가득히 방어 떼가 들었으니 빨리 가서 어장물을 보라며 잠을 깨우던 모습이 선명하게 떠올랐다.

김영감이 어장배를 탄 지도 꽤 오래되었고, 선원들 가운데 가장 연장자였기에 고사공 다음으로 말발이 셌다. 김영감의 성화에 못 이겨 뱃사람들은 어장배에 올랐고 얼마 후 포구를 떠났다.

선착장에 모였던 마을 사람들은 근심 어린 눈길로 바다로 나서는 그들을 보았으나 고사공이 승선했으니 한결 안도의 빛을 띠기도 했다.

동력선이 아닌 목선을 타고 나간 어장배가 막 물목을 빠져나갈 즈음 갑자기 일어난 찬절(물속파도)은 사정없이 선수船首를 강타했고, 순간 방향을 잃은 배는 기우뚱하며 뒤따라 달려오는 파도에 밀려 뒤집히고 말았다.

다섯 사람 선원 가운데 젊은 세 사람은 헤엄쳐 나왔고, 고사공은 널빤지를 잡고 한바다로 떠밀려 나갔다. 그러나 김영감의 모습은 어디에도 없었다. 늙은 몸을 추스르지 못해 수중고혼이 되고 말았다.

며칠 후 시신은 잠수부들에게 인양되어 화장했고, 뼈는 어장의 앞바다에 뿌려졌다. 김영감이 꾼 만선의 꿈도 속절없이 바람결에 날리는 한줌 재와 더불어 그 바다로 사라졌다.

북한의 천연기념물

국가와 민족에겐 그 나라의 국화國花, 국목國木이 있다. 이 꽃과 나무들에게 특별히 보존할 가치나 오랜 연륜과 역사를 간직할 땐 천연기념물로 지정받게 된다.

세계유네스코에 한국의 갖가지 유적과 유물들이 지정되어 세계인들의 지극한 관심과 보호를 받는 것들이 여럿 있다. 남한뿐만이 아니라 북한에도 상당한 세계적 문화유산이 많다.

특히 북한의 천연기념물은 198종에 이른다. 남한의 218종보다 뒤지기는 하나 이 중 20여 종은 사회주의 신봉자인 김일성, 김정일에 대한 사회주의, 애국주의 모양에 치중한 인공물이 상당수 있다. 그 한 가지 예로 김일성 부자가 심은 나무, 바위에 새긴 글, 이름을 지은

나무들이 그 연륜이 짧다 해도 천연기념물이 되어 있어서 당혹감을 가지기도 한다.

천연기념물 제1호는 1966년 4월 4일 김일성이 심은 능라도의 산벚나무와 전나무이다. 이외에도 문수봉 이깔나무(제8호), 모란봉 전나무와 잣나무(제395호), 장자산 잣나무(제410호)는 모두 김일성이 식목한 나무들이다.

이 가운데 대성산에 심은 메타세쿼이아(수삼나무)는 김일성의 정원에 가꾸던 것을 퍼트린 것이라고 한다. 이 나무는 한반도나 동양에서 자생하지 않는 서양에서 들여온 수종으로 낙엽송과 같이 겨울에 잎이 지는 잎갈나무와 사촌 격이다.

어찌 보면 참 아이러니컬한 일이기도 하나 체제가 다른 북한에서는 "위대한 수령님의 교시"가 새겨진 것이라면 어느 나무이건 천연기념물로 지정될 수 있어서 그 가치가 다시 평가되어야 할 일이다.

상사수相思樹의 유래

고서인 《수신기搜神記》에 자미로운 대목이 있다. 춘추전국시대 송나라 강왕(318~286 기원전)이 신하 한빙의 마누라를 차지했다. 절세미인을 뺏긴 한빙이 크게 상심하여 원망을 했다.

이에 화가 난 왕은 만리장성 쌓는 곳으로 멀리 쫓아버린다. 아내는 남편을 못 잊어 몰래 편지를 띄웠지만 관리들에게 발각되어 전해지지 못한다. 한빙은 한탄하다 어차피 죽을 목숨이라며 자살하고 만다.

이 소식을 동문으로 들은 아내도 성곽에 올라 투신하여 목숨을 끊는다. 아내의 품속에서 나온 유서에는 이런 글귀가 적혀 있었다.

임금님은 제가 살아 있는 것이 행복하다고 하시겠지만 저는 죽는 것이 오히려 행복합니다. 원하오니 내 시신을 거두어 빙과 함께 합장하는 은혜를 베푸소서.

강왕은 화가 머리끝까지 솟아 두 사람의 무덤을 멀리 보게 했다.

그런데 매장 다음날 무덤가에 가래나무(추자목楸子木) 한 그루씩 자랐다. 며칠 후 거목으로 자라서 가지가 닿았다. 어디선가 날아온 원앙새 한 쌍이 앉아 목놓아 울었는데 이를 본 송나라 사람들이 이 나무를 상사수相思樹라 불렀다.

이때부터 생겨난 상사병은 이 나무에서 유래되었다.

흰 쌀밥나무

초록이 짙어 절정을 이루는 5월 중순이면 산중에서 하얗게 피는 꽃나무가 있어 눈여겨본 것이 쌀밥나무이다.

내가 처음 이 쌀밥나무를 대한 것은 경남 양산군청 마당 한가운데 심어놓은 200년 된 거목이었다. 그때도 가지마다 주절이 매단 하얀 꽃술이 멀리서 보면 쌀밥을 뭉쳐 가지마다 매달아 놓은 것처럼 탐스럽게 보였다.

이 쌀밥나무로 하여 사랑받는 양산시목이 되었고 가로수로도 많이 심어졌다. 시청에 심어 놓은 고목도 주변 산속에 있는 것을 옮겨온 것인데 이 쌀밥나무에는 여러 가지 전해오는 이야기가 많다.

임진왜란이 시작되기 50~60년 전(1547년) 박세후란 광양현감은

읍성인 남쪽이 빈약하다는 풍수지리적 안목으로 이를 보강하려고 연못을 팠다. 연못 둘레에는 왕버들을 심어 이곳을 유당지柳唐池라 불렀다. 유당지 주변에는 수종이 다른 팽나무, 느티나무, 회화나무 등을 심었다. 그 가운데에 쌀밥나무 한 그루를 심어 숲을 이루고, 이 숲으로 마을을 보이지 않게 은폐하였다. 왜구들이 무시로 노략질을 일삼았기에 은폐하려 했고 한편으로는 태풍을 막는 방풍림 역할도 겸해서 했다.

이 쌀밥나무의 꽃은 흰옷과 흰 쌀밥을 상징하는 것이기도 하여 현감은 이 꽃을 통해 고을 백성들이 상부상조하는 의지를 가지도록 힘썼던 일화가 있기도 하다.

또 한 가지는 "아기사리"란 어린아이들의 옛 무덤이 있는 전북 진안군 마령읍에서 오래 전부터 전해오는 이야기이다.

가난에 허기져 굶주린 아이들이 죽으면 매장하는 곳인데, 이곳에 가면 이팝나무 고목이 많다. 제대로 따뜻하게 먹이지 못하여 영양실조로 죽은 아이들의 영혼이나마 흰 쌀밥을 마음껏 먹으라는 뜻에서 아기사리 무덤 주변에 이팝나무를 심었다. 하얗게 핀 꽃은 초록잎 그릇에 흰 쌀밥을 가득 담은 것처럼 보여서 쌀밥 즉 이팝이란 이름을 얻게 되었다.

옛 이름이 있는 이 나무는 5월 초중순의 입하立夏에 꽃이 피기 시작하므로 입하목이라고도 했다. 그러나 이런 사연들이 있고부터는 흰 쌀밥의 고어古語인 이밥이 이팝나무로 변해서 불러져 전해오고 있다.

연당蓮塘산책

노을이 산자락을 물들이는 저녁이다.

모처럼 한가로운 시간을 내어 불국사 입구의 유스호스텔 뒷동산 산책길을 걷는다. 해묵은 노송이 하늘을 가리고 선 사잇길엔 오래 전 옮겨 심은 맹종죽이 어른 팔뚝만큼이나 굵게 자라 가지마다 잎새가 촘촘하여 아름다움을 더해 준다. 그 사이로 난 산책길은 조용하고 아늑하다.

개울을 낀 숲길은 장맛비로 수량이 많아선지 그리 높잖은 언덕에서 쏟아지는 물소리가 심산유곡같이 은은하다. 소나무 사이로 줄지어 심은 벚나무도 해를 더해 가면서 등걸이 굵어져 꽃 피는 4월이면 꽃축제가 제법이겠다.

오르다 두 갈래로 나눠지는 길은 곧바로 연못의 좌우로 갈라지는데 수천 평의 둥글게 만들어진 연못엔 이제 갓 피어난 연꽃으로 장관을 이룬다.

꽃의 아름다움으로 자칫하면 주눅 들어 버릴 주변을 에워싼 노송은 산바람에 가지를 흔들며 품새를 자랑한다. 겹겹이 연륜의 귀갑龜甲을 피부에 두른 유연한 몸짓은 귀공자의 자태로 풍류적인 멋스러움이 눈길을 사로잡는다. 이뿐만이 아닌 비스듬히 연못 쪽으로 기울어져 자란 사간형斜幹形이 있는가 하면 햇볕을 좇아 공간을 만들며 자란 모양형, 반간형蟠幹形, 현애형懸崖形, 주립형株立形으로 자란 모습들이 더욱 돋보인다.

잔잔한 수면을 뒤덮은 수십만 그루의 연꽃 무리. 이 무리 속으로 저녁노을이 진다. 젊음을 각혈한 피같이 붉은 연꽃이며 순백의 웨딩드레스를 입은 신부의 자태를 연상하는 하얀 꽃들이 아득한 현기증으로 다가선다.

아, 꽃의 적멸보궁寂滅寶宮.

노을은 끝내 꽃잎에 숨어들어서 걷잡을 수 없는 하혈을 쏟아 놓는다. 그것은 하루밖에 피어 있지 못하는 생성과 소멸의 순간을 엿보는 것만 같다.

황혼에 떠밀린 연당 산책길에는 적막한 어둠이 발길에 뒤채인다.

민족의 정화수井華水

고산자古山子는 대동여지도를 제작하며 '백두산은 조선 산줄기의 아비'라 했다. 또한 도선道詵은 풍수지리의 대가인데, '우리나라는 백두산에서 일어나 지리산에서 마치니 그 세는 물을 근본으로 하고 나무를 줄기로 한다.'고 했으니 국토의 초석이 곧 백두산이란 이야기이다.

단군신화가 잉태한 백두산은 우리 민족의 발상지이고 민족의 영산이다. 이 영산의 가장 높은 정수리에 신성하고 맑은 정화수를 올려놓고 있다. 이 정화수는 우리 겨레의 종성種姓이며, 문화의 연원淵源이고, 민족의 상징이기도 하다.

멀지 않아서 북녘 땅을 밟고 백두산을 올라 그 맑고 푸른 물 천지를 몸으로, 눈으로 대할 수 있다니 가슴 설레이고 기대감이 크다.

북녘에서 바라보면 늘어선 봉우리들은 마치 옥을 쌓은 양 형형의 탑들이 층을 만들어 하늘을 버티고 있듯 아름다운 자태를 바라볼 수 있으리라. 16봉의 저마다 모습을 드리운 천지는 영원히 마르지 않고 우리의 목마름을 축여주는 영원한 백의민족의 정화수임을 자랑스럽게 여긴다.

부상효채扶桑曉彩

천년 고찰인 동축사東竺寺는 울산 동구 남목의 마골산麻骨山 정상에 있다. 동축사의 대웅전이 자리한 뒤편에 육중한 바위 무리가 있으며, 이곳은 관일대觀日臺 또는 망양대望洋臺, 동대東臺 등으로 불린다. 이 섬암은 동면팔경東面八景에 읊어질 만큼 주변 경관이 아름답고 풍광이 명미하다.

이곳에서 아침 해가 떠오르는 미포만尾浦彎을 바라보면 수평선에 어리는 아침 노을은 말로써 다 형언키 어려워 방어진 목장의 감목관이던 원유영元有永(도광기축년道光己丑年, 1829 근무)은 4언명시四言名詩 한 수를 읊어 섬암 한 곳에 새겨 놓았다.

국어사전에는 '중국의 전설에 해 뜨는 동쪽 바다에 있다는 아름다운 빛을 내는 신성한 나무(뽕나무)를 말함.' 이라고 했다. 뽕나무는 고치가 비단을 짜는 실을 제공하는 누에의 먹이이므로 신성한 나무는 바로 부의 상징인 것이다. 이런 나무의 모습이 아침에 열리는 수평선에 어리우니 어찌 신비로움이 아닐 수 있겠는가.

시를 지은 이는 원유영이지만 바위에 글을 새긴 사람은 육방六防 중 공방工防에 속했던 서극준徐克俊, 김규칠金圭七과 통인通仁 장남건張南建이 도광기축년道光己丑年(1829)에 각刻했다고 알려준다.

이 4언절구의 절창시絕唱詩는 후세 사람들에게 오래도록 가슴에 여운을 남겨서 향토사를 연구하거나 고적을 답사하는 후학들의 발길이 끊이지 않고 있다.

다만 안타까운 것은 철부지한 소인배들이 명시가 새겨진 주변에 명분 없이 자기 이름을 새겨 귀중한 문화유산을 훼손하고 있음이 안타까운 노릇이다.

고위산 분묘墳墓

경주 남산은 불교의 성지聖地이다.

남산 정상에 오르면 높은 두 봉우리가 있는데 북쪽의 금오산金吾山과 남쪽에 있는 고위산高緯山(494m)이다. 이 고위산 정수리에는 3기의 분묘가 자리 잡고 있는데 모두 풀 한 포기 없는 민둥머리이다. 어느 가문에서 발복하려고 명산의 정수리에 선영을 잡았는지 모르겠으나 그곳에 가서 볼 때마다 당혹스럽기만 하다. 하필이면 무수한 산행객들의 발길에 짓밟혀 숨쉬기마저 불편할 영혼들을 생각하니 더욱 가슴 아프다.

원래 명당이란 풍수지리에서 혈穴이라 하여 여성의 인체구조를 닮은 산세를 골라서 그 인체의 음부陰部에 묘자리를 잡는 것이 명당인데, 과연 남산의 고위산 정수리가 그런 곳인지는 알지 못한다. 다만 애써서 선택한 명당(?)의 묘지가 지나치게 훼손되고 있으니 안타까운 노릇이다.

명당이라 여겨 선산을 잡았다면 발복한 집안일텐데, 한 번쯤은 성묘하여 대책을 강구하련만, 뉘집 것인지 애꿎게 명당이라고 자리 잡은 묘지가 헐벗어 허물어져 가는 모습이 가슴을 아프게 한다.

학남관鶴南館의 유래

학은 천년을 사는 새이며, 사람에게 지혜로움과 유익함을 주는 짐승이다. 이런 연유로 예부터 우리 민족은 여느 새와는 달리 길조로 여겨 왔다.

십장생에도 거북과 학, 사슴에 이어 해와 산, 물, 돌, 구름, 솔, 불로초가 등장할 만큼 학은 신성시되어 왔다.

학은 날고 앉거나 먹이를 쪼아 먹는데도 멋을 보였고 품격을 돋보이게 했다. 이런 학의 모습을 바라보며 일찍이 동면東面의 관아가 있었던 울산의 동구 남목*에 학남루鶴南樓를 짓고 안산案山 아래 학이 노니는 모습을 바라보며 목장의 감목관과 지방 선비들이 모여 앉아 시문을 읊었다.

현 남목초등학교 앞에 구목區木으로 지정된 낡은 팽나무 한 그루가 있고 팽나무 언덕은 제법 높아 이곳에 학남루가 있었다. 이곳에서 들녘 멀리 안산의 푸른 노송에 앉았다. 먹이를 찾아 옥류천으로 내려앉은 하얀 깃털의 학은 청빈과 고아함의 상징이었다. 학의 이런 자적한 모습을 바라보며 덕망과 지성을 겸비한 감목관 원유영元有永과 홍세태洪世泰가 부임해 와서 많은 명시들을 남겨서 후학들의 심금을 울린다.

세월이 흐르면서 학남루에서 배웠던 유생들은 이 고장에 남전시우회藍田詩友會를 남겼고, 누각은 허물어져서 다시 복원되지 못했다. 그것은 전해오는 말에 의하면 대원군 서원철폐령으로 다시 증건할 수 없었다고도 한다. 생각하면 안타까운 일이다.

훗날(1909년) 다행스럽게도 감목관사의 자리에 동면보통학교가 설립되었고 1920년 남목공립학교로 바뀌면서 오늘의 남목초등학교로 변신하여 아흔일곱 성상을 맞고 있다. 이 학교의 자라나는 아이들에게 새롭게 향학의지를 고취시키고 체력증진을 향상키 위해 신축건물을 증축하였다. 이 건물에 옛 학남루의 이름을 붙여 지난날의 선비정신과 이 지역의 내력을 되찾고 자긍심을 고취하자는 뜻에서 교장선생님과 협의하여 '학남관' 이라 이름을 붙였다.

*남목 : 동면의 방어진목장과 남목마성南牧馬城은 고려 초기부터 유래된 지명으로 남목南牧이라 불렀다. 성종 2년(1471) 신숙주申叔舟의 해동제국기海東諸國記의 목장牧場 감목관監牧官조에 의하면 감목관 이하 속임屬任 32인, 목자군牧子軍 393명이 배속되었다.

용추암龍湫岩

해묵은 소나무 숲 사이로 용추암을 바라보면 산수경석을 수반水盤 위에 올려놓은 한 폭의 그림 같은 모습이다.

울산의 끝자락인 방어진, 동해 바다로 크게 돌출한 이곳은 20세기 초엽에 일인들이 등대를 설치하고 울기등대鬱崎燈臺라고 이름을 붙였다. 그 이전의 고유한 지명은 목장牧場에 속했던 댕바위산(대왕암산)이다.

거친 파도가 사시절 쉼없이 기슭을 할퀴는 맨 끝자락에 마치 금강산 1만 2천 봉 같은 형상을 한 바위 무리가 용추암이다. 등대산과 용추암은 육지와 떨어진 바위섬인데 지금은 철재로 견고한 다리를 놓아 무상으로 출입할 수 있는 경승지의 절경이다.

입술 언저리만큼 출렁이는 바다와 늘상 암청색으로 불어오는 갯바람은 소금기를 맛보게 하고, 비익하는 갈매기는 낭만에 살진 그만의 노래를 들려준다. 이뿐이랴, 아슬하게 곁눈질로 훔쳐보는 해녀들의 반나의 아름다움은 건강미의 최고임을 느끼게 한다.

삼국을 통일한 신라 문무대왕이 감은사지 앞바다의 수중릉에 묻히자 뒤따라 죽은 왕비 또한 한 마리 용이 되어 승천하다 그 혼백이 숨어든 곳이 용추암이다. 깊게 파인 바위골은 한 마리의 거용巨龍이 숨어듦 직하게 길고 깊게 자연적인 웅덩이가 만들어져 있다. 쉴 새 없이 바닷물이 들락이는 용추龍湫를 바라보노라면 저도 모르게 현기증에 발길을 옮긴다.

이외에도 대왕바위산(등대) 언저리에는 금맥을 캐던 금광도 있고, 할미바위, 남근男根바위, 장구바위, 거북바위, 탕건바위, 물개바위(포수바위) 등이 있다. 이 가운데 많은 눈길을 끄는 곳이 남근바위이다. 정말 남근같이 해면에 불쑥 솟아 있다.

이 모든 것들보다는 가장 낭만 깃든 곳은 대왕암산의 올해로 꼭 백년 된 솔숲이다. 1906년에 인공조림한 소나무 숲은 하늘을 가린 채 넉넉한 가슴으로 전국의 관광객들을 맞이하고 있다.

용추암은 대왕암 산(울기등대) 끝자락에 언제 가보아도 다시 가보고 싶은 곳이다.

분재盆栽 곁에서

서른두 살 때 분재와 인연을 맺었다. 손꼽아 보니 벌써 30년이다. 자녀를 낳아 길렀으면 다들 출가시켰을 테지만 그러지 못한 분재는 내 곁을 떠나지 않고 응석받이로 동고동락하고 있다.

여름엔 단 하루도 돌보지 않으면 곧 목마름에 겨워 잎이 시들고, 꽃은 그 색깔과 향기를 잃고 만다. 이런 형편이니 며칠 동안 휴가를 얻어 집을 비우고 떠나려니 분재들이 발목을 잡는다.

불가에서는 이런 경우를 들어 애물단지, 즉 '라훌라' 라고도 말하겠지만 분재를 애지중지하는 내 경우는 그렇게 말할 수는 없다. 다만 소유와 무소유의 차이가 있긴 하나 소유자의 불편스러움이 있을 뿐,

후회한 적은 없다.

30년을 길러오면서 온갖 희로애락을 다 겪었기에 귀찮거나 짜증스럽게 생각된 적도 없다. 다만 신혼시절이 지나면 권태가 오듯 10여년 전 분재에 대한 권태를 조금 겪은 적은 있으나 그것도 잠시뿐이다.

젊을 때는 마당 가득히 놓인 분재의 수가 700점이 넘던 것이, 지금은 200여 점만 기른다. 꽃 피어서 향기로운 화목花木류, 단풍 들어 아름다운 잡목雜木류, 꽃과 탐스러운 열매를 보는 과목果木류, 사철 변함없이 푸른 송백松柏류, 다년생 구근생球根生인 초물草物류는 저마다 독특하고 아름다운 특성과 미를 자랑한다.

올여름도 긴 장마가 있었으나 초여름과 늦더위로 물 주느라 제법 땀을 흘렸다. 귀찮기는커녕 오히려 물을 주고 있으면 내가 소낙비를 맞는 것 같아 시원함을 느낀다.

올해로 분재를 기른 지가 30년이다. 분재는 인간이 즐기는 노리개가 아닌 살아 있는 생명체이기 때문에 우주만상을 분재에서 깨닫게 된다. 오늘도 자연의 오묘한 질서와 섭리를 깨달으며 분재 곁에서 고려 때 전록생이 쓴 〈영분송詠盆誦〉을 되새겨 본다.

산속의 나무 풍상 겪은 모습
화분에 옮겼더니 그 또한 기묘하네
동량의 재목 될지 아직은 모르지만
서재에서 마주보면 마음이 통한다네

산꿩이 울던 간벌산間伐山

'머지않은 날 여남은 개의 알을 더 낳고 알을 품겠지. 이 또한 생성과 소멸의 반복이며 겨울 가고 봄 오는 것은 대자연의 섭리인 것을.'

나는 혼자 중얼거리며 황씨와 함께 뜨거운 햇살에 땀 흘린 몸을 씻으려고 개울로 내려섰다. 천고의 계절을 멈추지 않고 흘러내린 물은 넓은 암반에 두 갈래의 홈을 파 놓았다. 물길은 다시 아래로 흘러 경사진 바위 자락에 크고 작은 소를 만들고 구곡양장처럼 끝없이 골짜기로 바다에 이른다. 소에 고인 물은 맑다 못해 눈부시다. 물이랑 사이마다 햇살이 눈부시다. 반복되는 과정을 넋 나간 사람처럼 바라보다 어느 순간 두 손을 모아 손그릇으로 물을 떠 한입 베어먹어 오장육부가 서늘하다. 자연의 물맛, 그 신비로운 물맛을 어디서 다시 느낄 수 있으랴. 아마도 북한 땅 금강산이 아니면 없을 것 같다.

주섬거리며 옷을 벗고 알몸에 물을 껴얹으니 등허리와 앞가슴이 박하사탕 같은 알싸한 냉기가 온몸을 타고 흘렀다. 물오른 오리나무 숲이 앙증스럽게 잎을 띄워 이제 막 걸음마를 시작하는 돌 지난 아이의 재롱같이 귀여움이 넘친다. 그러나 남쪽 아랫가지는 지난겨울 어느 나무꾼의 낫질에 허리 잘려 대각을 이룬 상처에서 핏빛 수액을 흘렸다. 어쩌면 그리도 선지 피 같은지 가슴이 섬뜩했다.

오리나무와 단풍나무는 피질에 상처가 생기면 수액이 멈추지 않고 흐른다. 단풍나무 수액은 무색이면서도 달착지근하여 식용에도 많이 쓰이고, 고로쇠나무도 단풍나무과에 속한 수종이어서 그 성분이 좋다. 또한 봄이 되면 수액이 멈추지 않고 흘러나와 고로쇠 물을 받아 판매하는 산골 사람들이 많다. 이뇨작용에 특효라 해서 근년에는 고로쇠나무들이 수난을 겪고 있다.

차가운 물속에 하반신을 담그고 있으니 물 밖으로 나오기가 싫었다. 계곡에는 늦게 핀 진달래가 얼마 전까지 지고 남은 꽃술이 채 영글지도 않았는데 물오른 버들강아지는 솜털이 보송한 햇잎에 가가의 고추 같은 열매가 새끼손가락 굵기로 영글었다. 햇잎에 햇빛이 아장거리며 성장을 재촉하는 듯 앞산 기슭 숲에서는 숨 가쁜 산비둘기 울음소리에 한낮이 저물었다.

전인미답前人未踏의 청석봉靑石峰에 올라

그해 7월은 들뜬 기분이었다. 백두산을 오르려고 이도백하로 가지 않고, 처음 등산길을 개척한 송강하松江河로 갔다. 북중 경계 능선을 따라 걷다 말다 반나절을 고생한 끝에 백두산의 16봉 중 하나인 청석봉에 올랐다.

지금 천문대가 있는 봉우리에서 우측으로 백운봉, 청석봉이 자리하고 있는데, 손 닿지 않은 거목의 원시림에 이르니 하늘을 가린 숲은 울창했다. 이 숲속에 백두산 호랑이와 불곰이 서식한다니 언제 나타날지 두려움이 앞섰다.

고산자 김정호는 '백두산은 조선 산줄기의 아비'라 했고, 풍수지리의 대가인 도선道詵은 '우리나라는 백두산에서 일어나 지리산에서 마치니 그 세는 물을 근본으로 하고 나무를 줄기로 한다' 고 말했다.

백두산은 민족의 영산이다. 이 영산의 가장 높은 정수리에 민족의 정화수를 떠놓은 천지가 단군조선을 천세 만세 지켜주고 있다. 이 민족의 영산에 가려고 많은 사람들이 산을 오르내리는데 점점 훼손이 심해져가고 있어서 안타까운 일이다.

조선 영조 때 박종朴宗이 쓴 백두산 기행문에는 '햇빛에 빛나는 백두봉을 바라보니 옥으로 이루어진 웅대한 탑이 층층이 솟아올라 하늘을 버티고 있는 듯, 그림인 양 아름답다' 고 예찬했다. 또한 '석봉이 늘어선 것이 병풍을 두른 것 같고 높이 솟은 것이 군자와 같다' 고 했으니, 사실 백두산은 예나 지금이나 사람의 접근을 꺼려 하는 영산임에 더할 말이 없다.

걸어서 오르면 끝없이 펼쳐진 백두산 자락은 광활한 산림으로 뒤덮여 수해樹海를 이룬다.

1936년 백두산의 자연을 조사하려고 지리, 생물, 농업학자 등 전문인 30여 명이 산을 올랐다. 이들이 돌아와서 쓴 글이 '백두산 근참기' 인데, 여러 가지의 이야기들이 많았다. 이제 얼마 있지 않으면 북한에서 백두산을 오른다니 개마공원을 걸어보고 싶고, 다시 전인미답의 청석봉에 올라보고 싶다.

고향 연정戀情

뒷동산 산꿩이 울면 돌아가신 할머니 생각이 간절해진다. 보리밭 이랑에 알을 낳고 새끼를 치던 꿩이 한낮을 목청껏 울 때면 더욱 그렇다. 일찍 알에서 깬 병아리는 어미를 따라 숨어다니고, 늦게 낳은 꿩알은 보리베기 때까지 깨지를 못한다.

연분홍빛 꿩알을 옷깃에 담아 깨어질까 조바심하며 집으로 가져오던 할머니의 모습이 6월이 찾아올 때마다 그리워진다. 때로는 머슴이던 만석 형이 잽싸게 도망하는 꿩새끼를 붙잡아서 칡넝쿨을 걷어 두 발을 옭아매어 잡아주면, 꿩집을 만들던 어린 시절이 왜 이리도 그리워지는 걸까?

어릴 때 자란 고향은 죽을 때까지 잊힐 수가 없는 곳이다. 옛집이 있는 시골의 비탈진 뒷산을 오르면 할아버지 때부터 땀 흘려 일군 모래밭엔 해마다 고추, 콩, 깨를 심어 가을이 되면 수확의 풍요를 누리게 했다. 밭의 위쪽 메마른 땅에 심은 쌀보리는 길고 긴 여름날의 허기를 메워주던 주식이었다.

보리를 베어 마을 앞 타작마당에서 알곡을 털고 나면 산더미같이 쌓이는 보리짚 무더기를 파고들어 술래잡기를 하던 어린 날의 추억이 새삼 그립다.

내가 태어난 곳은 황토 야산이 아무렇게나 흩어져 꿈결처럼 맥랑麥浪 많이 있는 농촌은 아니며, 마을 뒤로는 추산봉맥秋山峰脈이 우뚝 솟았고, 앞으로는 망망대해를 바라보며 꿈을 키우고, 고깃배가 드나들던 풍광 좋은 농어촌이었다.

집 뒤란에서 풀벌레 소리 자지러지게 울던 밤이면, 지붕 위의 하얀 박꽃이 피어 초여드레 초생달처럼 박이 커가고, 질경이 같은 진한 인정을 이웃끼리 나누던 해촌. 새벽녘이면 갯물 소리 따라 풍어를 실어오던 어부들의 노랫소리가 갯마을의 잠을 깨우던 고향.

이제 그 고향은 집안의 어른들과 함께 어느 곳에서도 찾아볼 수가 없다. 산업사회에 떠밀려 사라진 고향을 바라보며 옛 산자락을 더듬고 있다.

두번째 방

노욕老慾 버리기

황부자는 경상도 순흥골 사람으로 김포 황부자와 견줄 만한 갑부였다. 만석꾼으로 천석이 모자라는 구천 석을 하면서도 보리밥을 찬물에 말아 생된장에 밥을 먹고 조상에게도 보리밥 한 그릇과 밴댕이를 놓고 제사를 지낼 만큼 노랭이었다. 그런 그가 밤낮으로 재물을 이루고 나니 아무런 할 일이 없었다.

어느 날 최생이란 한 선비가 대과를 치르고자 상경하려니 노자가 없어 황부자를 찾아가 빚을 좀 내어줄 것을 간청했다. 황부자는 그동안 고생하며 치산한 이야기를 들려주며, 만석을 채우지 않고 쓰는 재미를 찾아 살기로 하였다면서 50냥을 선뜻 내주었다. 또한 하인에게 말 한 필과 과거를 보는 동안 집안 걱정을 해서는 안된다며 벼 30섬을 함께 댁으로 보내주었다. 그로부터 전 재산을 수백 명 서생들에게 과거를 치르도록 도와주었다. 슬하의 두 아들에게는 땅 한 평 남기지 않고 죽었다.

이 이야기는 순조 무렵인데, 매우 감동적이다. 과연 재산을 가진 사람들이 이 사회에 몇이나 옳은 적선을 하고 떠날까를 생각하니 남들보다 내 자신을 되돌아보게 된다.

나에게는 내 앞을 가릴 만한 그냥 세 끼니 밥 굶지 않고 겨우 살아왔으나 여러 가지 챙겨놓은 물품들이 많은 편이다. 그 첫째가 분재이고, 다음이 정원수, 서적(소설, 시, 수필, 향토자료집)이다. 이것들을 생전에 웬만큼 정리를 해야 하겠기에 여러 가지로 생각 중이다.

분재는 대공원의 분재 코너로, 정원수는 설립 중인 국립과학대학으로, 책과 자료집은 대학으로 보낼 수 있다면 마음 홀가분하게 떠날 수 있지 않을까 싶어 고심 중이다.

노욕이 있어 결정하기가 쉽지 않을테지만 아무튼 버리고 떠남이 홀가분한 최상의 저승 여정길이다. 과연 지난 시절 순흥골 황부자가 마음을 비워 가진 것 없이 가벼이 떠나듯 내 자신도 홀가분하게 노욕을 버리고 눈감을 수 있을까?

양적 생산보다 질적 내실을

'옛 수필을 읽으면 가슴에 와 닿는 향기 즉, 감흥이 있으나 오늘날 읽혀지는 수필엔 별 감흥이 없다.'

이 말은 어느 수필문학을 오랫동안 해온 사람의 말이기도 한데 나 역시 그렇게 느껴진다.

현재 한국문단에서 수필을 전문으로 하거나, 수필을 싣는 잡지가 16개에 달한다. 이렇게 많은 월간, 격월간, 계간이 있다는 것은 어쩌면 행복한 일이기도 하다. 꼼꼼히 생각하면 참 불행한 일이다.

가령 자손이 귀한 대갓집안에서 한둘을 낳아서 자식을 기른다면 어찌했거나 금지옥엽 정성을 다해 돌보며 아끼지만 열 명, 스무 명 많을 땐 아무래도 적자, 서자 하며 천대받기 마련이다. 오늘 우리나라의 수필가 등단 형태가 이와 비슷하다. 여러 잡지를 통해서 1년 동안 수십 명에 이르는 수필가가 등단하므로 자식 많은 집안에서 천대받는 것과 다를 바 없다.

《현대문학》은 몇해 전부터 수필란을 아예 없애버렸고, 그나마 단 한명의 수필가도 배출하지 않는다. 어찌했거나 가슴 아픈 일이다. 《월간문학》은 상반기 2명, 하반기 2명, 연 4명의 수필가를 등단시킨다. 그 외의 《한국수필》, 《수필문학》, 《창작수필》, 《현대수필》 등 수없이 많은 문학지에서 한달에 4~5명씩 배출하다 보니 발길에 차이는 돌멩이처럼 어느 지방 어떤 곳에서도 흔하게 수필가를 만날 수 있으니 반겨야 할지 말아야 하는지 대책이 서지 않는다.

바라건대 지금이라도 늦지 않으니 우리나라 수필문학이 제자리를 찾기 위해서는 모든 수필인이 좋은 글을 써야 하고 이보다 앞서 각 수필문학지에서는 정말 참신하고 올곧은 정예의 수필가를 등단시켜 한국수필의 위상을 바로 세워야 할 것이다.

'알곡 없는 쭉정이가 되어서는 정말 안된다' 고 소리치고 싶다.

중복계탕中伏鷄湯

지긋지긋한 장마전선이 물러서면 연중 가장 무덥다는 삼복의 중복날이다. 이웃집과 가족들을 데리고 저녁 무렵 삼계탕으로 맛있는 초목樵穆집을 찾았다. 문전성시를 이룬 대만원이다. 미리 전화예약을 했기에 5인방을 얻어 앉았다. 오래 기다리지 않아서 음식이 나왔다. 이열치열이라 했던가? 방 안의 사람 열기와 뜨거운 음식 열기로 비 오듯 땀이 흐른다. 한마디로 한증막이다. 그래도 사람들은 자꾸만 밀려든다. 웬만한 중소기업을 운영하는 것보다 나을 성싶다.

열양세시기洌陽歲時記에는 '복날 비가 오면 청산靑山, 보은報恩의 큰 애기가 운다' 는 속담이 기록되어 있다. 대추나무는 복날마다 꽃이 피는데, 이날 비가 오면 대추가 흉년이 들어 대추농사가 생업인 충북 청산, 보은의 처녀들은 결혼 비용 때문에 눈물짓는다는 내용이다.

《사기史記》에는 진나라 덕공德公이 복사伏祠를 처음 시작했다면서 '복伏이라는 것은 금기金氣가 엎드려 숨어 있는 날이다' 금기복장지일야金氣伏藏之日也. '금은 화火를 두려워한다' 라고 했으며 복사는 사대문四大門에서 개를 잡아 충재蟲災를 막는 제사로 이 행사가 구장狗醬인데, 보신탕의 시초가 된 것이라고 《동국세국기東國歲時記》는 전하고 있다.

복날의 음식 가운데 복죽伏粥과 계삼탕鷄蔘湯이 있다. 또한 우리나라의 연례음식으로 소맥면小麥麵은 닭 국물로 만든다. 삼복 무더위 때 삼계탕, 구육탕을 먹으면 속을 덥혀 원기가 좋아지고 일년 내내 병에 걸리지 않고 건강을 유지할 수 있는 최상의 음식으로 전례되어 오고 있다.

올해 초복 뒷날 구육탕을 먹었고, 중복인 오늘 삼계탕을 먹었으니, 다가오는 말복 때 삼계탕이든 구육탕이든 한 번 더 먹으면 금년 한 해는 무병으로 건강한 겨울을 맞을 것으로 예견된다.

중복계탕中伏鷄湯은 여름에 먹는 최상의 음식임을 재인식해 본다.

봇짐 책장수

고등학교를 입학해 3개월쯤 지났을까? 학교 정문 앞에 봇짐을 멘 책장수가 찾아와서 맨땅에 보자기를 깔고 책을 펼쳐 놓았다. 등교하면서 보았기 때문에 첫 교시를 마치고 정문으로 달려갔다. 처음 보는 여러 책들이 호기심을 자극해 호주머니를 달달 긁어서 소월시집 《금잔디》 한 권을 샀다. 이것이 계기가 되어 시를 쓰게 되었고, 끝내 어설픈 시인이 되었다.

돌이켜 생각해보니 46년 전의 일이다. 이렇듯 눈 깜박할 사이에 반세기 가까운 시간이 화살처럼 빠르게 지나갔건만, 나는 여태 이렇다하게 무엇을 해놓은 게 없다.

그때 학교 앞 노상에서 책을 팔던 C씨는 무거운 책 봇짐을 지고 2

km가 넘는 농로農路를 걸어 오가며 책을 팔았다. 그러던 어느 날 훌쩍 종적을 감춰버렸고 얼마 후 읍내 변두리에 책방을 열었다. 문화서점, 그때 C씨의 말은 울산이 대구에 있는 학교보다는 책이 많이 팔린다고 했다. 사실 그 시절 대구에 비해 여러 가지로 뒤처진 도시였으므로 책방다운 서점은 하나뿐이었고, 문화서점이 두 번째였다.

지난 8월 초 영국문학기행을 가려고 영국 문학가들이 수록된 책을 구입하기 위해 오랜만에 문화문고를 찾았다. 이미 서점은 중구에서 남구로 옮겨져 있었다. 오랜만에 C사장도 만날 겸 서점을 들어서니 훤칠한 키에 이목구비가 반듯한 청년이 '어서오세요' 하고 친절히 맞는다. 직감으로 '아들 되십니까?' 하니 그렇다고 했다.

'C사장은 잘 계시나?' 고 안부를 묻고 김희보가 쓴 《세계의 명시집》 한 권을 사서 책방을 나서며 C사장의 젊은 날을 되짚어 보았다. 점심도 굶으며 종일 학교 정문에 쭈그리고 앉았다가 학생들의 하학시간에 함께 교문을 나서던 뒷모습은 지극히 큰 키에 걸음새가 휘청거렸다. 아마도 허기 때문이었으리라.

세월이 흐른 지금은 울산 서점가를 대표하는 기업인으로 성장해 형편이 어려운 아이들에게 장학금을 지급하는 지역의 숨은 독지가가 되었다.

예나 지금이나 소월의 시집 《금잔디》를 가지게 한 봇짐 책장수 C씨는 영원한 문학의 벗으로 이 고장에 남아 있다.

투자의 방법

우리나라 한 쇼핑업체의 조사에 따르면 생일을 맞은 아이들에게 선물을 고르라면 가장 먼저 휴대전화라고 한다. 그러나 부모 입장에서는 그냥 장난감 정도를 사주려고 생각한다.

유럽의 선진국 부모들은 아이들에게 장난감 따위는 아예 사줄 생각도 갖지 않는다. 가지고 놀다가 부서져 없어져버리는 장난감보다는 장난감을 만드는 회사의 주식을 사서 아이에게 선물로 준다. 이렇게 우리와는 선물 개념의 인식 자체가 다르다.

우리 아이들에게 투자를 가르치는 부모나 주식을 선물하는 부모는 거의 없다. 그러나 외국에서는 흔한 일이다. 저축하는 비율이 미국 85%, 한국 76%이고 알뜰히 돈을 쓰는데는 미국 89%, 한국 96%

로 큰 차이가 없다. 그러나 주식투자를 선물하거나 가르치는 일은 전무한 일이다. '아이는 어른의 거울' 이란 말이 있다. 어른들이 어떻게 돈을 쓰느냐에 따라 미래의 삶도 많이 달라진다.

저금리 시대에는 아껴 쓰고, 저축하는 일보다 어떻게 투자를 하느냐에 따라 가난하게 사는 것과 부자로 사는 것으로 나뉘어진다.

저금리低金利 시대, 손실금리損失金利 시대에 깊이 있게 투자의 방법을 다시 한번 생각해 볼 일이다.

허무감

누군가 낮은 목소리로 나를 부르는 것 같아 귀를 기울이면, 그 소리는 해변에서 들려오는 물결 소리다. 물결 소리에 화음 되어 송수松樹의 잎새를 스치는 바람 소리도 고적孤寂하게 들려온다.

인적이 드문 바닷가 인접한 곳, 사방을 장막처럼 드리운 어둠이 강물처럼 출렁인다. 열대수림이 울창하게 자란 한 곳에 통나무를 쌓아서 오전부터 불을 지폈으나 자정이 지나고 새벽이 가까워 오는데도 불꽃은 사그라들지 않고 있다. 매캐하게 시신이 타는 냄새를 피하지 못해 거푸 마신 술기운에 졸음이 몽롱하게 의식을 흐리게 한다.

"날 살려줘, 친구야! 어서 나를 꺼내 줘."

화들짝 놀라 정신을 차리고 보니 깜박 존 사이에 꿈을 꾸었다. 엊그제 같이 살려고, 병원을 찾아간 사람들에게 애원하듯 매달리던 홍성수洪成秀.

어제 아침 병원에서 숨을 거두기 이전에 캠프로 돌아와 눈을 감았다. 6월의 수수꽃다리 꽃보다 더 싱싱하고 향기로운 스물아홉의 청춘으로 짧은 생애를 마감했다. 2살 된 딸과 아내를 고국에 남겨둔 채. 병명도 뚜렷하게 알지 못하고 비명횡사한 친구는 잘살아 보려고 보르내이borunel 쉘shell 정류공장 건설현장에 근무하다 한달여 만에 생을 마감했다. 한국에서 옮아온 악성 성병에 시달리다가 현지에서 제조한 3일분의 약을 한꺼번에 먹고 '약물과다 복용'이 죽음의 원인이 되었다.

짜증스럽도록 긴 밤이 물러서는지 수편선에서 여명이 다가섰다. 눈부시게 맑은 아침, 열대림 사이로 알싸한 꽃 향기가 가슴을 저며 가까운 해변으로 나섰다. 하얗게 패사貝砂가 펼쳐진 끝없는 해안선 따라 지천으로 문주란과 유카꽃이 흐드러지게 피어서 나를 손짓했다. 남국의 진초록 숲과 옥색 바다를 배경으로 하얀 꽃은 떠나는 영혼을 천국으로 인도하려는지 꽃길을 수놓아 아름답고 엄숙하게 느껴졌다.

잠시 후 화장터로 되돌아왔을 때는 잿더미 속에서 유골을 수습하는 동료들의 손길이 바삐 움직였다. 한 인간의 육신이 자취 없이 사그라진 빈자리에는 가슴 가득히 허무함이 강물처럼 출렁거렸다.

아름다운 예술

옛 성현이 말하기를 '마음이 아름다움에 있지 않으면 봐도 보이지 않고 들어도 들리지 않으며 먹어도 그 맛을 알 수 없다' 고 했다. 이 말은 마음이 흩어져 있으면 눈에 비치는 사물 또한 흩어져 있으므로 사물을 바라보는데는 심미적인 안목이 절대적으로 필요하다는 말이다. 우리 삶도 마찬가지이다. 인간관계를 올바르게 맺고, 서로 양보하고, 칭찬하며, 이웃을 아끼고 존중하고 산다면 세상에는 특별한 법이 없어도 인간이 사는 사회는 그야말로 아름다움으로 충만된 무릉도원일 것이다.

이런 인간관계를 맺으려면 저마다 가져야 하는 감정이 순수해야 한다. 정취도 있어야 하고, 사상 또한 깊고 높아야 하고, 심오한 자기의 철학이 있어야 좋은 관계, 아름다운 관계를 맺고 살 수 있을 것이다.

우리 대표에세이 문학회는 올해로 열여덟 번째의 책을 만든다. 벌써 20년이 넘게 회원들끼리 모여 모임을 해오고 있다. 서로를 아끼고, 존중하고, 다독여 왔기에 지금까지 밝은 웃음을 서로의 가슴에 안겨 주면서 기쁜 마음으로 만나고 해어졌다. 이제 만나면 친구처럼 다정하고 한 가족같이 따뜻하게 느껴진다.

산업사회를 살아가는 현대인들은 겨울 추위보다도 더 정에 굶주려 추위를 타는 것 이상으로 외롭게 살고 있다. 진실하고 아름다운 글 한 편이 마음을 훈훈하게 한다. 그래서 우리는 모여서 외로운 사람들, 떨고 있는 외로운 사람들을 위해 마음속에 아름다운 꽃을 피워 줄 글을 쓴다. 쓰인 글들이 책으로 만들어져서 얼마나 많은 사람들의 언 가슴을 녹여 줄는지는 알 수 없어도 우리가 해야 할 일을 묵묵히 해나가면서 인생을 아름답게, 풍요롭게 살고자 노력할 따름이다.

미美란 곧 아름다움인데, 아름은 예사로운 표현이 아니다. 한 아름, 두 아름이란 그만한 가치를 나타낸 체언에 '답다' 란 접미사가 붙어서 이루어졌다고 어느 수필가는 말하고 있다. 이처럼 '아름답다' '아름다움' 등의 표현은 바로 말 그 자체가 예술이다.

2000년 새로운 세기에 회장을 맡았지만 어렵고 힘든 일은 조현세(사무간사) 선생이 도맡아해 왔다. 이 지면을 빌어 노고를 치하하며 책이 나오기까지 애써주신 도서출판 이형식 사장님과 직원들께 감사를 드린다.

삶과 죽음의 눈물

인간이 태어남은 축복이며 환희다. 모든 사람들의 기대와 신의 은총 속에 기쁨의 울음을 터트리며 태어난다. 이런 축복과 기쁨과 은총 속에 태어나는 기쁨의 표시를 울음이라 했는지 그에 대한 해답이 궁금하다.

처음부터 울음을 웃는다고 표현하고, 웃음을 울음으로 표현했다면 사람들은 정해진 언어규칙에 따라 그렇게 바꾸어 말하여 왔으리라.

사람들은 슬플 때 눈물을 흘리고 기쁠 때도 눈물을 흘린다. 똑같은 눈물을 흘리지만 슬픔과 기쁨의 결과는 매우 크고 다르다.

노쇠한 부모가 죽거나, 다 큰 자녀가 갑자기 죽는다면 그에 따른 슬픔은 매우 크다. 이 경우와는 달리 천신만고 끝에 폭풍을 헤치고 구사일생으로 바다에서 돌아온 남편과 자식을 맞을 때, 또는 전쟁이 치열한 죽음의 전선에서 돌아온 가족을 맞았을 때 누구나 가릴 것 없이 기쁨의 눈물을 흘린다.

이즈음 죽음과 삶에 대한 생각을 자주 하게 된다. 죽음을 생각하게 되면 사는 것이 절박해지고, 사는 것을 생각하면 지루한 감이 든다. 그러나 나이 탓인지 사는 것이 자꾸만 조급해진다. 한 달이 하루 같고 일 년이 한달같이 느껴질 만큼 빠르게 시간이 지나간다. 그래선지 마음이 자꾸만 쫓기는 것 같고 조바심이 생겨서 불안하기도 하다.

지난 시간보다 자주 다가올 죽음을 생각하게 되고, 죽은 후의 일을 상상해보는 경우가 잦아진다. 인생을 언제 마감해도 해야 하겠지만 막상 '마감한다면' 하고 생각하면 아지랑이처럼 허무함이 눈앞에 어른거린다.

한세상 살아오면서 무엇 하나 제대로 이루어 놓은 것이 없기 때문일까?

생각하면 삶보다 죽음이 행복이 아닐는지. 축복과 기쁨 속에 태어난 인생이 모두가 행복함은 아닌 것 같다. 태어날 때 기쁨의 눈물은 훗날 죽음을 예고하는 슬픔의 눈물이 아닐까?

부채〔扇〕 선물

충무공 이순신은 동서고금의 명장이다. 한치 앞을 내다볼 수 없는 전장에서도 틈만 있으면 부채를 만들어서 조정의 고관들에게 두루 선물하였다. 그리하여 끝내는 중흥의 공을 이루었으니, '이는 천고千古까지 지사志士들의 눈물을 떨어뜨리게 하는 것이다' 라고 이익李瀷의 《성호사설星湖僿說》에 실려 있다.

명장 이순신은 높은 시청률을 자랑하는 KBS 드라마 〈불멸의 이순신〉에서도 용의주도한 백전백승의 지략가임을 잘 보여주고 있다.

충무공은 어떤 일을 행함에 있어서도 '수없이 생각하여 일을 시행할 방침이 완전히 갖추어져야 나아가는 것이니, 그렇지 않으면 반드시 소인들에게 방해를 받아 자기의 포부를 펼 수가 없기 때문이다' 고 어떤 일을 결정하여 수행함에 있어 철저함을 기리고 있다.

또한 충무공은 '다만 방해를 할까 두려워서이지 이익을 구하려는 것은 아니다' 라고 매사에 신중함과 청렴함을 깨닫게 한다. 즉, 젯밥에 뜻을 두지 않고 염불에 최선을 다한다는 교훈적인 말은 오랜 시간이 지났어도 가슴 뭉클하게 한다.

기름진 산해진미가 차려지고 주직육림의 호사스러운 향응의 자리보다는 땀과 정성이 담긴 한 자루의 부채가 가슴을 뜨겁게 하는 선물 중의 선물이 아닌가 싶다.

마음의 선물

나는 뒤늦게 깨달은 일이지만, 나에게 이토록 보물 같은 삶이 있음을 알면서 더욱 행복해 진다.

삶이란 결코 나만의 것은 아니지만 개개인의 인생과 삶은 궁극적으로 자기의 것이다. 스스로 내 삶의 농부가 되어 순박한 마음으로 흙을 일구며 씨 뿌리고 땀 흘려 가꾸어서 겸허한 자세로 결실을 거둬야 한다. 이것이 삶 속에서 귀하게 얻을 수 있는 참다운 행복이다.

나는 내 주변에 있는 정인들과 어우러져 살기를 원한다. 넉넉한 마음으로 다독이고 껴안으며 늘 함께 마음속에 따스한 정감을 나누는 이웃이 있기를 바란다. 이런 이웃이 많을 때 삶은 윤택하고 그 삶은 무엇과도 바꿀 수 없는 값진 것이며, 보람을 느끼는 인생이 아닌가 싶다.

이러한 윤택한 보람과 행복은 궁극적으로는 자기만이 가질 수 있는 소중한 보물인 것이다. 이런 보물은 이 세상 어떤 진귀한 다른 보물과도 바꿀 수 없는 하나뿐인 귀한 존재이다. 이러한 마음의 보물을 인인들과 나눠가지며 한 생을 살고 싶다.

이 세상에 하나뿐인, 참된 소중한 보물을 가질 수 있는 기회도 한 번 뿐인데, 외면해서도 무관심하게 생각해서도 안될 일이다. 그러나 이 귀중한 보물을 지극히 갖고자 하는 참된 인인隣人이 있다면 아낌없이 나눌 수도 있다. 그것은 마음으로 생각하는 보물이기 때문이다.

돌을 쪼는 마음으로

수필문학상隨筆文學賞 수상 소식을 접하니 평소 때보다 마음이 기쁘긴 하나 한편으로 부담스러워진다. 상이란 것은 타기 전까지는 '나도 상을 탔으면' 하는 생각과 기대를 가져 보기도 하였으나 막상 수상 소식을 들은 이후엔 무엇인가 가슴을 꽉 죄는 것같이 느껴진다.

중이 염불에 신경을 쓰지 않고 젯밥에만 마음을 둔다면 그 염불은 들으나마나 깊이와 마음을 울려주는 감동이 없다. 마찬가지로 이번 수필문학상도 상을 타기 전까지는 탓으면 하는 기대와 마음 설레임이 있었는데 이제 수상자가 되고 보니 더욱 무거운 짐을 지고 산꼭대기를 향해 걷는 기분이다.

수필문학사와 심사원들과 또한 많은 수필문단의 선후배에게 꾀부리지 않고 걷던 길을 부지런히 걸으면서 돌을 쪼는 석공의 마음으로 더욱 좋은 작품을 쓰리라 감사드리며 다짐한다.

옛말에 '석공이 배워야 할 좋은 기술은 배우지 않고 눈깜짝이부터 먼저 익힌다'는 말이 있다. 이는 옳은 기술을 배우기에 앞서 정을 치면 돌 조각이 튀어 눈에 들어갈까 싶어 눈을 먼저 감는다는 비유에서 한 말이다. 옳은 수필을 쓰기 이전에 상부터 먼저 욕심 내는 것이 아닌가 싶어 가슴에 되새겨 본 말이다.

서리 맞은 감이 더욱 달듯 이제 한국수필의 내일을 위해, 또한 내 자신이 남길 수 있는 작품을 위해서라도 후세에 읽혀질 좋은 작품을 쓰도록 돌을 쪼는 마음으로 최선을 다해 노력하겠다.

상을 타게 한 여러분들께 감사드린다.

수필평隨筆評, 이인二人

밤하늘의 잔별만큼이나 이 땅 위에도 많은 사람이 살고 있다. 별무리 속에 유난히 반짝이는 별이 있어 아름답듯, 인간 군상 속에서도 예술의 혼에 불을 붙이려는 새로운 몇 사람이 있어 지난해 수필문단에 새내기로 이름 올린 두 사람의 작품 심사를 맡았던 평문을 적는다.

먼저 이희자의 〈유토피아를 꿈꾸며〉라는 작품은 오랜만에 다시 느껴보는 유토피아적인 수필이어서 나도 모르게 마음이 사로잡힌다. 오래 전부터 YMCA 봉사활동을 통해 가난하고 병든 사람들의 애절함을 몸소 느꼈던 이희자 씨는 영국의 작가 토마스 모터 기념관을 찾아가 그가 쓴 '진정한 민주와 자유'를 느끼게 된다. 감동적인 유토피아가 어떤 것인가를 확연히 깨닫고 쓴 작품이기에 독자들에게 진한 감흥을 주며 공감할 수 있을 것으로 확신한다. 또한 이희자는 수필에 대한 내적인 감성과 순수성, 문장력을 겸비하고 있으므로 그의 수필은 누가 읽어도 잔잔한 감흥을 가슴에 전달하리라 생각한다.

다음 김종태의 〈호박꽃〉을 읽노라니 삼라만상의 오묘한 섭리가 절실하게 느껴진다. 퍽 철학적이며, 교훈적인 글이어서 오랫동안 교단에서 학생들을 가르쳐 온 스승의 인품을 새삼스럽게 깨닫게 된다.

호박꽃을 통해 인간의 질서와 심성과 자질과 근면성 등 일곱 가지의 좋은 점을 들어놓고 있다. 무엇보다도 근면하고 검소한 호박꽃은 생존력과 인내심이 강하며 개성도 뚜렷해, 질서정연하게 꽃을 피운다. 봄부터 가을까지 쉬지 않고 꽃 피워 결실 맺는 호박꽃을 통한 삶의 의지는 우리에게 전해주는 하나의 청량한 메시지이다. 그다지 대접받지 못하는 호박꽃에서 화려한 다알리아, 장미꽃보다 신선한 사물의 풍요를 배우게 하는 교훈적인 작품이다.

다만 좋은 글을 쓰기 위해선 많은 도입 문장이 필요하나 지나치면 오히려 글을 망칠 수 있으니 각별히 유념하기 바란다.

이번 심사에서 새로운 두 사람의 신인 발굴은 어느 해보다 큰 수확이었다는 생각을 갖는다.

시詩를 빚는 마음

시詩 쓰는 시인詩人은
젊은 마음으로 시詩를 써야 하고
깊은 샘 물맛이 차(冷)서
시원함을 느끼듯
감정적이고 서정이 깃든 시詩는
시詩 읽는 사람의 가슴을 훈훈히 적신다.
부드럽고 감칠맛 나는
감미로운 시詩는 시詩를 빚는
정성과 고뇌가 배어 있어야
감동적이며 마음의 청량제가 되기도 한다.

《울산 시詩》 제8집 머리말에 쓴 글이다.

키츠가 정원의 오얏나무 고목 아래 앉아서 떠오르는 시상을 단숨에 휘갈겨 적은 것이 세계인을 감동시킨 불후의 명작 〈야앵무〉이다. 이 시詩가 그의 시詩 가운데 가장 대표적인 서정시이다.

이처럼 시인의 감성은 언제나 깨어 있어야 하고 의성意誠은 본능적으로 열려 있어야 하며 만상의 작은 소리를 엿들을 수 있는 청각은 반짝이는 별빛같이 영롱하게 빛을 발하고 투명한 아름다움을 들을 수 있어야 한다.

이같이 좋은 시詩를 빚기 위해서는 남모르는 창작을 타작하며 독백과 고뇌의 격랑을 겪어야 한다.

이제 《울산 시詩》도 10년 세월로 8집에 접어들었다. 오늘에 이르기 까지 회원들의 끈기와 애쓴 보람이 컸으며 문화예술을 사랑하고 아끼는 후의에 감사드리며 이번에도 문화예술인들의 사랑방과 웰빙까지 챙겨주시는 은산銀山, 부림富林 두 아우에게 시집을 꾸리면서 감사드린다.

이 모두는 서로의 아낌과 상생의 깊은 인연을 맺음으로 더욱 아름답고 건강한 시집을 발간하게 되었다.

〈엽우葉雨〉를 쓰게 된 동기

지난 2000년 가을 연중 봄, 가을로 떠나는 문학 나들이를 그해는 울산 근교에 있는 파래소 폭포로 가기로 했다.

파래소 폭포는 언양에서 밀양으로 넘어가는 중간지점에서 배내골로 접어들어 첩첩 산길을 30여 분 차로 들어가면 닿을 수 있는 곳이다. 인적이 드문 1천 미터가 넘는 고봉인 간월산과 신불산 골짜기를 타고 내려오다 어느 한 곳 천야만야 깎아지는 벼랑에서 떨어지는 폭포는 장관을 이룬다.

물이 떨어져 만들어진 소沼는 100여 평에 이르고 그 깊이는 헤아릴 수가 없어 하늘빛이 푸른 날은 소의 물빛도 더욱 짙어서 그 푸름을 더한다. 그래서 붙여진 이름이 파래소인데, 정확한 이름은 파란소가 맞는 듯싶다. 그래서 예부터 시인 묵객들이 많이 모여들었고 까마득하게 솟은 벼랑은 이백李白의 〈노산폭포盧山暴布〉란 시를 떠올리게 한다.

飛流直下 三千尺 疑是銀河落九天

날으는 물은 직하하여 삼천 척인데 은하수가 하늘에서 떨어졌나 의심되네

뱀의 허리같이 굽이진 찻길에서 파래소에 닿으려면 약 2㎞에 이르는데 주변 경관이 너무 아름답고 숲이 우거져 가을엔 열색 현란한 단풍으로 탄성을 자아내게 한다.

남쪽지방에 자생하는 고로쇠나무, 생강나무를 비롯한 신갈나무, 자귀나무, 떡갈나무, 물푸레나무, 화살나무, 개옻나무 등 무수한 활엽수들은 저마다 다른 색으로 환상적인 단풍색의 축제와 향연을 펼친다. 좁다란 산길을 앞서거니 뒤서거니 오르는데 산봉을 스쳐온 북풍이 예고도 없이 산자락을 훑고 내리며 숲을 흔든다. 한껏 찬란하던 단풍은 바람의 심술에 맥없이 쓰러지며 일제히 낙엽이 되어 허공에서 몸부림치다 일시에 떨어진다. 형형색색이 뒤섞여 떨어지는 나뭇잎은 낙엽이 아닌 소낙비처럼 땅 위에 쏟아지는 엽우葉雨로 표현할 수밖에 없다.

바람이 지나간 골짜기에는 그처럼 가을 색을 자랑하던 단풍들이

일시에 떨어져 마치 전염병에 감염되어 맥없이 쓰러지는 목숨같이 지상의 온갖 곳 나뒹굴며 파들거린다. 참으로 환상의 극치에서 일순간 비애를 맛보게 된다. 앞서 가는 사람의 머리 위에도, 등에 진 배낭 위에도 얹힌 나뭇잎 보면서 순간 자연의 엄연한 섭리를 깨닫게 된다.

소멸과 생성, 이것이 곧 삼라만상의 순리이며, 근본임을 새삼 느끼면서 뉘엿거리는 저녁해를 등에 지고 하산길에 올랐다.

자연의 신비와 감동

(1)

대자연이 연출하는 4중주에 매료되어 한동안 환상에 빠져든다.

수직으로 떨어지는 비폭飛瀑, 자지러지는 선련蟬聯, 산새들의 청명淸鳴, 노송을 스치는 송뢰松籟는 봉래산의 화음이며 조선의 음이다.

—〈구룡연 비경〉, 《경남수필》 30호(2003년)에서

| 작가의 말 |

앞의 발췌문은 2000년 여름 경남문인협회의 금강산 문학기행에서 쓴 작품이다. 그동안 TV 화면, 신문, 책자를 통해 보아온 여름 봉

래산을 직접 올라보니 그 상쾌한 감흥은 이루 말할 수 없었다. 높고 험한 기암과 천태만상의 천수백화들이 어우러진 산악은 이루 글로써 다 표현할 수가 없을 만큼 점입가경이었다.

고교시절에 읽었던 정비석의 산정무한을 떠올리며 세궁역진한 몸을 추스르며 정상에 오르니 정몽주가 읊었던 봉래산 제일봉의 낙락장송이 구룡대 그곳 바위틈에 풍우에 시달리며 열간捩幹으로 자라 있었다. 이 소나무 등걸에 지친 몸을 기대고서 한동안 수액이 흐르는 생명의 소리를 들으며 감탄하여 쓴 봉래산 기행 수필이다.

(2)

어느 사이 활화산처럼 불타는 석양은 저물고 엷은 먹물이 화선지에 번지듯 어둠이 내린다. 이맘때면 언제나 산책길에 나서는 나그네 같이 일렬종대로 날으는 물오리 떼의 군무群舞가 장관을 이룬다. 순간 나는 마음의 심연으로부터 내가 자란 해촌을 떠올리며 안식에 빠져든다.

—〈남양리南陽里 노을녘〉, 《처용수필》 9호(2002년)에서

| 작가의 말 |

두 번째 쓴 발췌문은 〈남양리南陽里 노을녘〉이란 수필의 중간부분에 있는 대목인데, 울릉도 가을을 맛보려고 여행 갔다 쓴 작품이다.

도동에서 택시를 타고 나리분지에 갔다 돌아오는 길에 남양리의 해변 높은 언덕에서 황혼을 맞았다. 서녘 하늘에 드리운 황혼이 너무 아름다워서 즉흥적으로 쓴 글이다.

내가 태어나서 자란 곳은 바닷가이기에 그날의 남양리에서 바라본 노을은 너무 감동적이었다. 황혼 속에 먼 바다에서 오징어잡이 배들이 밝히는 불빛이며, 검푸른 바다의 출렁임, 바닷새들이 둥지로 무리 지어 날아가는 장면들은 한 폭의 그림이었다. 활화산처럼 타오르듯 붉은 황혼은 서서히 어둠 속으로 몰락하고 먹물처럼 엷게 번지며 시적인 감흥을 불러일으켰다. 30~40분의 시간 속에서 이루어진 황홀한 노을을 보면서 느낀 감상문이다.

신인 시詩 심사평評

박정부의 〈자화상〉, 〈촌색시〉, 〈그리움〉 3편을 신인 당선작으로 뽑았다.

좋은 술을 빚는 것은 손에 달렸지만 좋은 시詩를 쓰는 것은 감성이 녹슬지 않음에 있다. 결론부터 이야기하자면 박정부의 시는 감성이 녹슬지 않은 것 같다. 그의 시 3편에서 시작의 한계성을 모두 엿볼 수는 없으나 마음을 은근히 잡아끄는 시향이 느껴진다.

〈자화상〉은 구도자 같은 명상을 담고 있으며, 스스로의 부끄러운 마음을 다스리는 시어는 세련되지 않으면 쉽게 표현할 수 없는 감정이다. 마지막 연의

나는 언제쯤

속박의 굴레에서
벗어날 수 있을는지
가만히 거울 속에 비친
내 얼굴을 쳐다본다.

쉽지 않은 표현이다. 〈촌색시〉에서는

싸리문을 열고
잠 어린 눈
비비는
옆집 머슴 얼굴 마주치면
빨갛게 익어버린
새악시 얼굴.

상상만 해 보아도 가슴 뛰는 정겹고 순진무구한 풍경이다. 또한 새벽길 물동이에 넘치는 서방님 생각에 하염없는 촌색시를 그려 낸 박정부의 감정은 잘 익은 홍시 같고, 빚은 술이 잘 익어 그윽한 것같이 시향이 풍기는 대목이다. 〈그리움〉은 새색시 아내에 대한 지극한 사랑이 알뜰하게 녹아 있는 연시戀詩 같다.

풀섶에서
밤 지새는 풀벌레 소린
당신 그리는 내 마음.

절묘한 표현이다. 한 미물을 통한 울음 소리를 빌어 진실하고 알뜰한 사랑을 전달하고 있다.

밤 이슬은
당신 속눈썹에 맺힌
내 눈물.

애틋한 사이는 그만이 가질 수 있는 절창이다.

이만한 언어구성과 때묻지 않은 시감은 그만의 특성이며, 오래도록 습작을 통한 꾸준한 노력의 결과로 보아진다. 그러나 지나치게 서정적 감정에 매달리다 보면 식상하기 쉬우므로 상큼한 맛을 보이는 새봄의 푸성귀 같은 자기만의 독창적인 시어를 묘사할 수 있는 꾸준한 노력을 기대한다. 자칫 자만감에 빠져버리면 그것으로 시작의 생명은 끝나므로 각별한 정진을 거듭하기 바란다.

정情으로 엮는 책

사람에게는 누구에게나 정情이란 게 있다. 정은 듦에 따라 그 깊이와 그리움이 다르겠지만 한번 든 정은 쉽사리 마음속에서 지워지지 않는다.

사춘기 때 겪은 첫 정은 죽는 날까지 잊혀지지 않는 것이라고 어른들에게 들어서 익히 깨달아 느끼고 있지만, 나이 들어서 든 정 또한 아무렇게 버릴 수 있는 게 아니다.

내가 경남수필문학회에 입회한 지도 어언 십오 년이 지났다. 나 자신도 알게 모르게 회원들과 든 정을 어쩌지 못해 여태껏 줄기차게 모임에 참석하고 있다.

흘러간 대중가요 '진주라 천릿길' 노랫말에 있듯 울산에서 진주까지는 천릿길이나 마찬가지이다. 진주에서 한양을 가는 것보다 울산에 가기가 더 멀고 아득하게 느껴졌다. 세월이 바뀐 탓으로 이제는 5시간 넘게 걸리던 길이 2시간 반으로 줄었으니 진주 천릿길이 오백리 길밖에 되지 않는 셈이다.

나는 이 길을 문학이 좋아서 달려가고 정든 회원들의 웃음 띤 얼굴을 보고 싶어서 달려갔고 지금도 가고 있다. 회원들의 형형한 눈빛 속엔 사랑과 동기간의 우애가 있고, 가슴속에는 넉넉한 문학에 대한 열정과 사색이 담겨 있다. 그뿐만이 아니라 서로가 서로를 아끼고 신뢰하는 애틋한 그리움이 있어 매달 한 번씩 만나는 월례회 날이 몹시 기다려진다.

누가 뭐라 해도 우린 수필문학을 통해 한 가족이나 다름없이 지낸다. 서로를 위하는 마음은 살갑고 다정하다. 그러므로 그 가족 같은 따스한 분위기 속에서 진실되고 구수한 문향이 우러나는 수필이 쓰인다.

가령, 사람이 살아가면서 정이란 게 무엇인가를 느끼게 하는 수필, 그리움 속의 향수를 불러일으키는 수필, 서로가 탄회坦懷하고 사랑하며 칭찬하는 수필, 아픔을 내 일처럼 어루만지는 수필을 써왔고, 앞으로도 쓰려고 노력한다. 또한 그런 수필을 쓰기 위해서는 영원토록 정을 나눌 수 있고, 정을 느끼게 하는 진주길을 달려가리라.

이제 우리는 29집을 발간함으로써 그 세월의 무게만큼 어깨가 무거워짐을 느끼지만 회원 모두는 사명감을 가지고 계속해 나갈 것이다.

경남수필문학회원들은 각처(부산, 울산, 진주, 마산, 창원, 통영, 김해, 사천, 거제, 진해)에서 모였다. 지나온 발자취를 더듬어 보면 희로애락의 편린들이 만추의 뜰에 분분히 흩어지는 낙엽같이 어지럽기도 하지만 그동안 자미롭고 즐거운 일들이 많아서 영원히 가슴속에 간직하고 싶은 것들도 많다.

얼마 있잖아서 이 해가 다 가는 달에 출판을 마치고 나면 한 해가 저물고 새해가 다시 시작될 것이다. 우리 회원 모두는 서로가 알뜰하고 소중한 정을 나눠 가지면서 다사다난했던 한 해를 뒤돌아보며 슬기로운 마음을 가지자.

책이 나오기까지 협조해 주신 배석권 회원님과 여러 회원님께 감사 드리며, 출판에 힘써 주신 문화기획인쇄사 박주철 사장님을 비롯한 직원들께 감사를 드립니다.

아름다운 시詩

세상에는 아름다운 것들이 정말 많이 있다. 아름다움이란 비단 어떤 사물에만 국한되지 않고 인간관계에서부터 시작하여 여러 가지의 미담美談들도 많다.

산업사회가 급격히 팽창되면서부터 농경문화가 빛을 잃어가고 전통적으로 이어져오던 우리의 미풍양속이 사라져 가는 시대에 살고 있는 우리 인간들은 무엇보다도 선량하고 아름다운 것들을 많이 접해야 한다고 생각한다. 그것은 점점 약해져 가는 인간 본연의 심성을 보다 선하게 이끌어가기 위한 방법에서도 중요한 일이라고 생각되기 때문이다.

아무래도 아름다운 것들을 많이 접하며 삶을 영위하는 사람에 비해 아름답지 않은 일들을 많이 겪고 사는 사람의 심성이 선량하지 못한 것이 아닌가 싶다. 그래서 우리 인간은 자라면서부터 아름다운 것들을 많이 겪으며 살아야 인정이 있는 사람, 선량한 심성을 가진 사람, 남을 돕고 사는 사람이 될 것이다.

현실 사회의 주변에는 온갖 험악한 일들이 많고, 또한 아름답지 못한 일들이 많이 일어나고 있다. 우리는 이런 사회의 한 구성인으로써 과연 어떻게 대처해 나가야 할지가 퍽 궁금하다.

아무리 선량한 사람이라도 세상을 살아가면서 아름다운 일, 아름다운 것, 아름다운 말만 하고 살 수는 없다. 때로는 자신도 모르게 약함을 보게 되고, 듣게 되고, 느끼게 될 때가 있다. 그럴 때면 과연 아름답지 못한 것에 대해선 어떻게 대처해 나가야 할지가 자못 해답 얻기가 어렵겠으나 우선은 아름다운 것을 생각하며 아름답지 못한 것들은 의식 속에서 털어 내어야 옳을 것이다.

나는 얼마 전 이웃으로부터 정말 아름다운 시 한 편을 얻었다. 인간이 살아가면서 인간관계의 아름다움을 읊은 시이기에 어떤 사물의 아름다움에 대한 것보다 훨씬 감동적이다.

사람이 산다는 것은
누구하고 손을 잡는다는 것
그래서 잡은 손에 따사로움을 느끼면서 사는 것

사람이 산다는 것은

누구에게 빚지며 사는 것
그래서 그 빚 갚으며 사는 것

태어나서 사랑하다 이 땅 떠날 때
후회함이 없는 내가 되도록 오늘과
그리고 내일을 열심히 살자

사람은 혼자서는 걸어갈 수가 없다
사람은 혼자서는 살아갈 수가 없다

그렇다. 사람은 태어나서 이 땅 떠날 때까지 혼자서는 외로워서 살 수가 없다. 혼자서 걷는 길은 지쳐서 힘차게 걸어갈 수가 없을 것이다. 산다는 것 자체가 다른 사람을 사랑하고 얻은 것에 대한 빚을 갚으며 살다 후회 없이 떠나는 것이 아름다운 삶이다.

우리가 이 땅에 태어나서 사는 동안 누구이든 따뜻한 손을 잡고 사는 것이 정이며 믿음이며 아름다움이다. 정과 믿음은 누구를 가려서 주고받는 것이 아닐 때 더욱 아름다운 것이 될 것이다.

이 세상 모든 사람들이 다 함께 손을 잡고 따사로움을 느낄 때, 평등과 자유의 행복이 가득할 때 인생은 아름다운 것이며 아름답게 살았다고 말할 수 있을 것이다.

지명地名의 유래由來

각박한 산업사회에 살고 있는 현대인들은 내가 살고 있는 지역地域에 속한 마을의 지명地名과 유래由來를 알지 못하고 지내는 경우가 많다. 이번 지방선거를 통해 잠시라도 내 집 앞의 산과 바다를, 들녘과 개천을, 눈여겨 살펴서 자라는 자녀들에게 고향에 대한 정주의식定住意識을 일깨워 주고자 한다.

주전동朱田洞의 주전朱田은 붉을 주朱, 밭 전田자이다.

풀이하면 '주밭' 인데 한자음으로 주전朱田이라 부른다. 주전마을은 정조正祖(1777~1800) 때는 주전리朱田里와 주전해리朱田海里로 갈라졌으나 고종高宗 31년(1894) 때는 주전리로 되었다가 1911년에 주전동이라 하였고, 1914년에 다시 주전리朱田里라 하였으나 현재는 주

전동으로 불려지고 있다

주전朱田의 어원은 땅이 붉어서 붙여진 이름인데 붉음은 곧 지기地氣가 세고 잡귀가 범접할 수 없는 길지吉地를 뜻하는 지명이다.

동부동東部洞은 예종睿宗 1년(1469) 때는 적진리赤津里라 했고, 이보다 앞서 조선 초기에는 앞불내〔南木川〕라 하였다. 정조正祖 때는 남옥리南玉里라 하였고 고종 31년(1894)에 옥류천玉流川을 중심으로 동쪽과 서쪽을 갈라서 동부서리라 하였으며, 1911년에는 동서부동東西部洞이라 하였다. 1914년의 행정구역 개편 때 일부 지역에 이속시키고 동부리라 하였다.

적진리赤津里는 곧 '밝내'란 지명인데 경상도속선지리지慶尙道續選地理地에 적진리는 '밝음', '밝다', '밝내'로 쓰이기도 했다. 적진리赤津里는 곧 동부동東部洞의 옛 이름이다.

서부동西部洞은 조선조 초기에는 앞불내라 하였다. 정조 때는 남옥리南玉里와 한채리〔大鞭里〕로 갈라졌다. 이후 고종 31년(1894) 남옥리를 동부東部와 남부리西部里로 갈랐으며, 한채리는 대편리大鞭里로 갈랐다가 다시 대편동大片洞이라 하였다. 1914년 행정개편 때 서부동西部洞과 대편동大片洞을 합쳐서 서부리西部里로 하였다.

〈참고 남목南牧은 조선조 초기와 왕조실록과 지리지地里誌에 '앞불내'로 나타나 있다. 봉수烽燧가 있었던 곳이어서 그렇게 불렀던 것이

> 다. 즉, '앞불내'를 변음하여 남목南木이라 하던 것을 바꿔 남옥南玉이라 부르다가 목장이 들어서면서 남목南牧으로 변하였다. 목장의 청사廳舍가 있었기 때문에 고쳐 부르게 되었다.〉

서부동西部洞의 옛 지명은 한채〔大鞭〕였다. 정조 때의 기록에 이렇게 부른 것으로 나타나 있으며 음독音讀한 것이 대편大便이며 다시 대편大片으로 변했다. 방어진목관의 동헌을 숙종 때 이곳 서부동西部洞 즉, 대편大片으로 옮겼다. 오늘의 명덕明德은 본태의 방어진防魚津이며, 행정개편에 따라 현재의 서부동西部洞에 속한 명덕明德은 대편동大片洞이다. 그러나 명덕明德은 밝고 힘차고 큰 덕을 얻을 수 있는 지명地名이다.

에밀리 브론테의 고향

황량하고 춥고 쓸쓸한 땅 하워스Haworth는 인적이 드문 한적한 시골이 아니다.

폭풍의 언덕에 몰아치던 비바람과 먹구름은 200년 전 옛이야기일 뿐, 지금은 세계 각처에서 몰려오는 관광객들로 샬럿, 에밀리, 앤의 집과 기념관, 작품 속의 무대를 보려고 연중 찾아오는 20만의 관객이 줄을 잇는다.

세 자매는 문학에 조예가 깊은 어머니를 닮아 천재적인 문학적 소질을 발휘해 샬럿은 《제인 에어》 에밀리는 《폭풍의 언덕》 앤은 《아그네스 그레이》를 발표해 영국 문단에 큰 충격을 불러일으켰다. 이 가운데 에밀리의 《폭풍의 언덕》은 무서운 인간의 비극적인 격정을 시적으로 그린 소설이어서 가장 독창적인 걸작으로 평가받고 있다.

브론테 기념관 창 너머로 바라보이는 톱 위든즈의 황량했던 언덕은 8월의 푸른 초원으로 변해 지천으로 핀 히스꽃 향이 알싸하게 코끝을 저미는 것 같아 크게 가슴을 벌려 심호흡을 해 본다. 어쩌면 우리나라의 산 섶에 봄이면 피어나는 진달래와도 같은 런던 북쪽의 이탄질泥炭質 지대에 적응된 자생식물이다. 보랏빛 꽃색은 새끼손가락 길이만 한 꽃술에 작은 꽃들이 촘촘히 붙어 십여 일 피었다가 지는 관목이다.

낯선 나그네를 반김인지 한 줄기 소낙비가 내린 뒤 갠 하늘엔 찬란한 쌍무지개가 멀리 목장 언덕 위에 수를 놓고 그림 같은 초원에서 양떼가 풀을 뜯는다.

비극적인 한 생애를 살다 간 브론테의 6남매들은 한결같이 결핵으로 짧은 인생을 살고 갔지만 불후의 명작들을 남겨 셰익스피어 기념관 다음 가는 문학의 순례지로 각광받는다.

히스꽃 만발한 폭풍의 언덕을 떠나면서 스카버러성 입구에 있던 앤의 묘비명을 마음속으로 읊어본다.

'나는 용기 있고 강한 사람이고 싶었다'

고신제문告神祭文

지난해 초두 방어동에서는 고신제를 지냈다. 주민들의 안녕과 길흉화복을 기원하면서. 명분이 고신제이지 특별히 신에게 제사를 지내는 전통도 격식도 없었는데 지난해에는 유독 신에게 제사를 지낸다며 제문을 부탁했다. 처음엔 뭐 그런 것을 부탁하느냐며 거절하였는데 동사무소의 사무장이 하도 간곡히 부탁하기에 하루를 생각해 지어 보냈다.

우리나라 속담에 '똥 눌 때 급하다'는 말이 있다. 제문은 있어야 했고 글 지을 형편은 못되고 해서 부탁을 했으면 적어도 기본 예는 갖춰야 그것이 선비의 도리다. 옛날 같으면 관청에 밥을 먹으면 모두가 선비이거늘 선비답지 못하면 아예 옷을 벗어야 한다. 그러나 현실

사회는 그렇지가 않아서 서글픈 마음이다.

제문의 내용은 이렇다.

유세차 단기 4335년 1월 5일 울산시 동구 방어동장 홍길동을 비롯한 임직원들은 여기 양명한 땅 이곳에 천수만세千壽萬歲로 이어갈 새 청사를 짓고 동민들의 정성을 모아 제수를 진설하고 삼가 천지신명께 고하옵니다.

우리 방어동민들은 대대로 살아오면서 거친 땅을 일구어 씨를 뿌리고 바다를 헤쳐 고기를 잡아 세세연년 화목과 안녕을 누리며 살아왔습니다. 평화로운 이곳에 세계 제일의 현대중공업이 들어서서 번영과 행복을 약속해 주는 믿음과 긍지를 안겨 주니 이는 천지신명의 크나큰 은덕이 이보다 더한 광영이 또 있겠습니까?

충과 효의 기본 윤리를 바탕으로 상경하애 정신을 가다듬고 내 이웃을 사랑하고 서로 협동하여 손을 맞잡고, 마음을 하나로 할 때 믿음과 삶의 행복이 꽃피듯 찾아옵니다.

우리 방어동민 모두는 하나된 마음으로 농경, 수산사회의 토대 위에서 산업사회가 발달하여 우리가 사는 이 지역에 새로운 문화의 꽃을 피우고 주민자치가 활성화되어서 각 분야마다 복지시설과 문화예술 정책을 장려한다면 생활의 질은 더욱 높아져 동구민의 긍지를 가질 것입니다.

일찍부터 우리 동구의 방어진은 전국에서도 소문난 길지 중의 길지로 7마리의 용이 한꺼번에 승천하는 지세이니 그 으뜸이 두용산頭龍山(영빈관 자리)이다. 이와 같은 명당을 점지한 이곳에 오래도록 평화와 번영과 안식이 함께하도록 천지신명께 엎드려 비옵나이다.

오늘 이 자리 저희 방어동장을 비롯한 임직원, 주민 모두가 정성으로 받들어 헌작獻爵하오니 흠향歆饗하옵소서

상향!

단기 4335년 1월 5일 방어동장 ○○○ 독축관 ○○○

산을 닮은 군자君子

겸양謙讓의 미덕은 사람이 일상생활에 쉽게 얻어지는 게 아니다. 인간의 심성은 태어날 때는 때묻지 않은 순수성을 지녔으나 성장하여 사회생활을 하는 과정에서 오욕칠정에 물들기 마련이다. 세상 모든 사람들이 이해관계에 있어 다섯을 주고 열을 받으려는 것이 인지상정인 것처럼 생각한다.

그러나 열을 주고도 다섯도 얻으려 하지 않는 사람은 이 시대에 군자에 속하며, 나아가 이런 심성을 어떤 경우든 고루 가지게 되는 사람을 "겸양의 미덕을 갖춘 사람"이라 말할 수 있다.

지난 남울산등산회(2007~2008)를 맡았던 부림富林 서원수 회장은 '산山을 담은 군자君子' 같은 마음으로 등산회를 이끌었다. 넉넉한 인성과 서둘지 않는 행동과 바라지 않는 배려는 그만의 덕행德行이며 희생적 봉사이다.

어떤 경우라도 화내지 않았고 어느 자리에서도 거역하지 않은 부림 회장은 누가 뭐라 해도 달관된 인격자이다.

대인大人의 풍도風渡를 갖춘 품성은 그에게서만 느낄 수 있는 고귀한 자산이며 미덕인 것이다. 그러기에 희생적인 등산회기를 수행하면서 찰떡궁합을 이룬 정일正一 최진연 총무와 아름다운 대미를 장식할 수 있었다.

즉 군자는 산을 닮음으로써 큰일을 치러낼 수 있고, '겸양의 미덕'을 갖추어 더 큰일, 더 아름답게 사회에 공헌할 수 있는 사람으로 존경받게 된다.

지난 6월 22일 금회기 마지막 문수산 등산은 참석 인원이 그리 많지는 않았으나 하산 후 석양일배는 더욱 돈독한 우정과 뜻이 있는 화합으로 든든한 남울산 모임의 구심점이 되기도 했다.

2007년 8월 등산회 부림 회장, 정일 총무 당신들은 산을 닮은 군자였기에 참으로 헌신적인 모임을 이끌었으며 그 노고에 찬사를 보낸다.

세번째 방

성性과 고희古稀

칠십이 세의 괴테와 열일곱 살 된 뷔르리케와 의 광적인 사랑은 모두가 알고 있는 사실이다. 아름답고 젊은 여인과의 사랑은 자칫 광연狂戀으로 변하기 십상이다.

나이 들어 차츰 기력이 쇠잔해지고 주위에 많던 친구들이 하나 둘 사라져 가면 인생의 허무감을 느끼게 된다. 이럴 때 서로를 위해 필요한 것이 연인이다.

괴테는 그의 자서전에서 사람이 나이 들면 자기 주변에서 사라져 가는 것이 첫째가 친구라 했다. 다음이 일, 재산, 성욕, 지위, 미래, 희망 순으로 꼽았다. 그래서 젊은 연인 뷔르리케는 '성욕의 상실을 오랫동안 유보시켜 주었다' 고 고백했다.

칠십 세 때 빅토르 위고가 젊은 하녀 브랑쉬의 풍만한 육체에 노예가 된 것은 동서양이 다 아는 일이다. 한 살 차이이던 부인 줄리에트의 불 같은 질투와 시기 때문에 더욱 유명해진 것이다. 아마도 늙으면서 여성에 비해 남성의 성에 대한 욕망은 더욱 절실해지는 모양이다.

보부아르가 쓴 〈노년〉에는 이런 경우를 들고 있다. '생물학적으로 여성의 성은 남성의 성에 비해 늙음으로써 받는 타격이 덜하다' 고 생리적, 문헌적 증거를 제시해 준다. 또한 '노인의 성에 대한 그릇된 인식은 사회적, 도덕적 허구이며 그 허구의 고정관념 때문에 노인은 또 하나의 다른 학대를 받고 있다' 고.

근래 들어 노인의 이혼율이 높다. "이혼한 칠십대 남녀가 남은 여생을 혼자 살 수 있을까?"라고 물음표를 던져 본다. 모두는 아닐테지만 열에 칠팔은 재혼을 하게 된다. 그 대상의 연령은 기준할 수 없지만. 혼자 사는 것은 늙음을 자초하는 지름길이다. 노인이 될수록 대화할 수 있는 가족(부인)과 친구가 절실히 필요하며, 고독병을 얻지 않는 게 장수할 수 있는 가장 큰 방법이다. 정답인지 아닌지는 각자가 생각해 볼 일이지만.

일본 국보 제1호인 금릉사에 있는 미소 짓는 반가사유상을 극찬한 앙드레 지드는 1944년 4월 3일 그의 일기에서 다음과 같이 남기고 있다. '나는 아직도 성적 환희를 멸시하지 못하고 있다' 고 칠십오세 되던 해에 적고 있다.

톨스토이는 바람난 아내에 대해 이런 말을 하며 위안을 삼았다. "타네예프가 소피아로부터 뺏어간 것은 정신이며, 내가 차지하고 있는 것은 육체이다"고.

악처이던 오십이 세의 소피아는 음악가이던 연하의 남자 타네예프와 깊은 사랑에 빠지게 되어 칠십 세이던 톨스토이는 눈에 불을 켜고 시샘을 하였다.

칠십대 전후의 이런 사랑 놀음은 동서양을 가릴 것 없는 뜨거운 놀음이다. 그래서 이규태는 그의 노인에 대한 글에서 재미있는 예를 들고 있다.

〈정타령〉이란 남도 속요俗謠에 지학志學 십대의 정은 번갯불, 이립而立 삼십대의 정은 장작불, 불혹不惑 사십대의 정은 화롯불, 지명知命 오십대 정은 담뱃불, 이순耳順 육십대 정은 잿불, 종심從心 칠십대의 정은 반딧불과 같다고 했다. 아마도 우스갯소리로 읊은 말이려니 하면서도 입가에 웃음이 돈다.

지난 해이던가? 어느 봄날 초등학교 동창회를 가졌다. 쳐다보는 얼굴마다 반가움이 앞섰지만 이마와 입언저리에 깊게 파인 주름은 나이를 속일 수 없었다. 내일모레면 모두 한두 살 차이로 고희에 접어드는 노인들. 그러나 패기들은 아직 오십대 못지않아서 은근슬쩍 귓속말로 "한달에 할멈에게 몇 번 가느냐?"고 물었다.

찬찬히 내 얼굴을 바라보던 코흘리개 시절의 동무는

"너는 몇 번?"

했다. 대답 대신 다섯 손가락을 쫙 폈더니 입을 크게 벌리며 놀랐다. 그 다음 말이 익살스러웠다.

"그럼, 그렇지! 넌 아직 젊은 할멈이니까."

하며 고갤 끄덕였다. 그러면서 다시 이어지는 말이 푸념 반 기대 반 같았다.

"이즈음 재혼율이 높아서 재혼하는 어느 예식장을 갔더니 가슴이 뭉클해지며 뜨거워지는 감정을 겪었다."고 심정을 털어 놓았다.

공연히 들뜬 기분으로 설쳐대지 말고 차분하게 정을 나눠 가질 연인이라도 챙겨두면 나쁘지는 않을 것 같다.

문정文情 주정酒情

그리운 얼굴들이 만났다. 우선 반가움에 남녀 없이 덥석 손을 잡는다. 그동안 잘 지냈느냐고 안부를 묻고 남자들은 대부분 주변을 두리번거리며 주점을 찾는다. 이에 비해 여자는 만난 자리에서 십여 분간 고주알미주알 이야기를 늘어놓다 그제서야 어디를 가자며 주위를 두리번거린다.

이번 만남은 1년에 한 번씩 치러지는 대표에세이 세미나 모임이다. 그 회기 때 회장의 출신 고장에서 모임을 갖는 것이 불문율이다. 지난해 ㄴ회장은 문경에서, 올해 ㅅ회장은 안동에서 가졌다.

안동은 우리나라 정신문화의 고장이다. 가장 으뜸이란 양반가와 명문이 많은 곳이 안동이며, 전통문화가 살아 숨 쉬는 곳이 안동이다. 지금까지 수백 년 동안 유교정신을 이어온 고장이며 가풍이 당당한 안동은 민속마을로 지정된 만큼 고래등 같은 기와집이 많은 한국의 대표적인 고장이다.

일행들은 시간에 쫓기며 부용대, 도산서원, 육사박물관, 하회마을, 봉정사, 영산서원 등 문화유적의 알짜를 돌아보고 저녁시간 숙소로 정해진 군자리로 돌아왔다. 종일 무리한 일정으로 몸은 피곤하였으나 산간에 자리 잡은 전통가옥의 편안함에 피로를 덜 것 같았다.

저녁시간 안동 특유의 민속음식이 나오고 내일 치러질 초등학생들의 고사리손 가야금 연주를 들으며 화기로운 분위기가 이어졌다. 에세이 ㅅ회장의 고향 연분으로 ㅇ시장이 함께 자리하여 안동 명주인 화주(火酒, 穀酒)에다 맥주잔에 폭탄주를 만들어서 '세상에서 가장 맛있는 술이 바로 제조주인 이 술'이라면서 차례로 손수 잔을 돌렸다. 일행은 서로 팔을 휘감고 '원샷' 외치며 거침없이 잔을 비웠다.

답잔을 보냈다. 두꺼비 파리 삼키듯 넙죽 받아 마시며 '우리 안동 마을 좋은 글 써서 많이 아껴 주십시오' 하며 거푸 잔을 돌렸다. 오랜만에 지기를 초월한 지음을 만난 듯 마음이 통하는 호연지기를 맺었다.

회원들은 정주에 취하고 인정에 반해 밤늦도록 애애한 분위기를 이어 갔다. 술꾼인 전주의 K선생이 참석치 못했으니 광주 K선생이 나와 주거니 받거니 대작을 나눴다. 나의 잡주음雜酒飮에 괜히 K선생은 일편단심 안동소주만 찾았다. 취기가 오르니 산자락에 핀 자연의 산색이 방춘화시芳春和詩였다. 주거나 받다 보니 취기는 오르고 룸메이트는 잠자리에 들기를 권하며 부액扶腋하여 일으킨다. 그러나 '딱 한잔만 더' 하고 일어서지 못하는 것이 주객이다. 술이 술을 마신다고 웬만큼 취하면 청탁 불문이다. 소주면 어떻고 탁주면 어떠랴.

사실 곡주로 치면 안동소주가 제일이지만 전국 어디서나 자기 고장이 자랑하는 술들이 많다.

내 고장 울산은 소주공장은 없어도 맛보지 않고 떠나면 후회한다는 청주 맛을 내는 쌀막걸리 태화루가 있다. 울산을 비롯한 인근 지역에까지 소문난 술이다. 울산 막걸리와 쌍벽을 이루는 포천의 이동 막걸리가 전국을 공략한다기에 마셔보니 유통과정이 오래되어선지 별 맛이 없었다.

이보다는 전주의 이강주 맛이 오히려 혀 끝에 오래 남는다. 이 술 또한 곡주인데 생강과 계피향을 곁들여 매콤한 맛을 낸다. 충남을 대표하는 서천의 한산 소곡주도 백제 무왕(37년) 때 신하들과 더불어 백마강에서 어우러져 흥겹게 마셨다는 말이 《삼국사기》에 기록되어 전해오는 술이다.

또한 남성들에게 가장 희소식을 전해주는 술은 전북 고창에서 생산되는 복분자 술인 것 같다. 《동의보감》에 이르되 '남근을 강하게 하고 허약을 치료하며 간장을 보호하고 눈을 밝게 한다' 고 하여 오줌줄기가 야호夜壺를 깬다는 속설이 있기도 하다.

또한 애주가들에게 놓칠 수 없는 술 가운데 담양의 추성주가 있다. 오미자, 구기자, 약재로 빚은 추성주는 술이라기보다는 보약에 가깝다. 고려 문종 14년 때 금성산성의 연동사에서 스님들이 불자가 가져온 보리쌀과 자생약초를 섞어 만든 술을 곡차로 즐겨온 것이다.

진도의 앵두주같이 빛깔 고운 홍주는 지초를 원료로 하여 만든 술인데, 조선시대 때 개발하여 임금에게 올리는 최고의 진상품으로 꼽았다. 이외에도 전국 여러 곳에서 만들어 내는 비주秘酒는 이루 헤아릴 수 없을 만큼 다양하다. 이렇게 많은 술의 맛을 다 음미하기란 주호酒豪인 석연년石延年인들 어찌 다 맛볼 수 있으랴.

제나라 위왕이 술도사 순우곤淳于髡에게 어떻게 마시는 술이 가장 맛있는 술이냐고 물으니 벼슬에 아홉 품이 있듯이 술맛도 9품이 있다고 했다. 임금과 어른 앞에서 엎드려 마시는 부복술(俯伏酒)이 제일 맛 없고 공석에서 돌려 마시는 회음주回飮酒가 여덟 번째이다. 그 다음이 제사나 잔칫집에서 초면 사람들과 마시는 예주醴酒가 일곱 번째, 주점에서 여럿 마시는 정화주情和酒, 자가自家나 벗의 사랑에서 마시는 우정주友情酒, 단둘이서 주거니 받거니 대작주對酌酒, 집안에서 혼자마시는 독배주獨拜酒, 경치가 아름다운 곳에서 마시는 풍광주風光酒, 흐르는 물가에 앉아 발을 담그고 시원하게 마시는 탁족주濯足酒가 제일이라 했다. 이렇듯 혼자 마시는 술의 맛이 으뜸이다.

송나라 때 주호酒豪(주당) 석연년石延年은 술을 마시며 혼자서 별짓을 다하며 독락했다. 캄캄한 밤에 등불 없이 더듬어가며 마시는 귀음鬼飮, 곡하며 마시는 요음了飮, 머리 풀고 발을 칼에 묶고 마시는 수음

囚飮, 이불로 몸을 싼 채 목을 넣었다 빼었다 하면서 마시는 별음鼈飮, 나뭇가지에 걸터앉아 마시는 소음巢飮, 한잔 마시고 나무에 올랐다가 내려와 마시고 다시 오르는 학음鶴飮 같은 괴짜 술 인생이다.

성종 때 재상 신용개申用漑는 달 뜨는 밤에 국화 핀 화분 사이에 술상을 놓고 꽃과 더불어 은도배를 주거니 받거니 대작하며 대취하였고, 명종 때 재상이던 상진尙震은 달빛 좋은 밤에 술잔 속에 달을 담아 그 달을 창자 속에 들이켜는 음주풍류에 젖어 농월弄月하였으니 이백과 벗하면 좋으련만.

술을 마실 줄 아는 선인들은 1~2품 정도의 고고한 음주풍류에서 인생을 즐겼다. 술꾼이 술을 모두 논하려면 끝을 헤아리지 못할 만큼 술의 종류도 많고 마시는 법과 술맛도 천차만별이다. 현시대 술꾼에게는 뭐니 해도 오랜만에 만나는 술 친구가 제일이다. '술은 술술 잘 넘어간다고 해서 술' 이라고 작명했다니 더 이상 예찬할 말이 없다.

안동 민박촌 군자리의 밤은 깊어가고 에세이 동인들의 살가운 인정도 무르익어서 오래도록 안동의 문정文情, 주정酒情은 오래도록 기억에 남으리라.

풍광風光이 아름다운 울산

예부터 울산은 동서남북 풍광이 아름다운 곳이다. 산자수명山紫水明, 요산요수樂山樂水, 산고수청山高水淸, 풍광명미風光明媚 등의 말은 울산을 두고 생겨났다 해도 과언이 아니다.

서북쪽으로 치솟아 오른 영남 알프스 7봉은 명실공히 그 산세의 위용을 자랑하는 대장부 기상을 갖춘 1,000m가 넘는 준봉들이다.

이들 산정의 골짜기에서 발원한 수맥은 생태환경이 되살아난 태화강, 회야강, 대곡천들의 골짜기와 마을과 산야를 흘러서 종내는 바다에 이른다. 맑고, 푸르고, 시린 물은 때로는 산진수회山盡水回의 풍광이 되고 유상곡수流觴曲水의 멋스러움을 안겨주고 마지막에는 떠나는 아쉬움 한 입 물고 배산임해背山臨海의 낭만을 가져다 준다.

이 모두는 요산요수의 푸른 산과 맑은 물이 있음이며, 높은 산봉에서 발원하여 길게 흘러온 물이 시민의 젖줄인 태화강을 이룬다.

흐르는 강물을 따라 가슴 높이만큼 출렁이는 감벽의 바다 동해를 가보라. 포물선을 그리며 해원을 선회하고 낭만을 좇는 갈매기 떼며, 수평선으로부터 무시로 달려드는 목련꽃 떨기 같은 하얀 파도 자락은 산골 소년의 때 묻지 않은 미소보다 아름답다. 산과 바다, 강과 들녘, 천혜의 자연경관을 어찌 다 글로써 표현할 수가 있으랴. 이런 명미한 풍광들이 일궈낸 것이 오늘의 울산 12경이다.

울산 12경은 필자와 함께 울산광역시 지명위원들이 심사숙고하여 지정하였다. 자연과 인위적 요소들이 만들어 낸 현대적 관광명소가 되었으나, 그 바탕엔 각 지역의 이른바 옛 8경들이 모체가 되었음을 짐작해야 한다.

울산의 팔경은 《세종실록》(1454)에 기록된 것으로 하나 둘 읊고 있노라면 마치 손에 잡힐 듯 눈앞에 아른거린다.

"성루화각城樓畵角, 전함홍기戰艦紅旗, 동봉일출東峰日出, 산사송풍山寺松風, 남포명월南浦明月, 강정매설江亭梅雪, 조대소우釣臺疎雨, 염촌담연塩村淡烟"이며, 《동국여지승람》(1530)에 기록된 울산 8경과는 그 내용이 다르게 나타난다.

"평원각平遠角, 망해대望海臺, 벽파정碧波亭, 은월봉隱月峰, 태화루太和樓, 장춘오藏春塢, 백련암白蓮岩, 개운포開雲浦"이고, 근대(1940~50)에 최두출崔斗出이 읊은 8경은 또 다른 내용이다.

"학성세우鶴成細雨, 태화어간太和魚竿, 백양효종白楊曉鐘, 문수낙조文殊落照, 염포귀범鹽浦歸帆, 서생모설西生暮雪이다."

동면 12경은 "축암효종竺庵曉鐘, 옥류춘장玉流春張, 섬암상풍蟾岩霜楓, 만승폭포萬勝瀑布, 안산망해案山望海, 낙화백사落花白沙, 유정만선楡亭晩蟬, 촉산낙조矗山落照, 어풍귀범禦風歸帆, 화암만조花岩晩潮, 슬도명파瑟島鳴波, 용추모우龍湫暮雨"이며, 언양 8경은 "서광모설西光暮雪, 구곡청절九曲淸節, 조망하무眺望下霧, 수석침류漱石枕流, 춘록추홍春錄秋紅, 요림비폭瑤林飛瀑, 석양낙조夕陽落照, 고색창연古色蒼然"이다. 서생 8경은 "증성낙조甑城落照, 성암모종聖庵暮鐘, 층대명월層臺明月, 승강어적勝江漁笛, 도독숙무都督宿霧"이고, 강동 8경은 "정포어범亭浦漁帆, 분곡초가粉谷樵歌, 궁현낙조弓峴落照, 옥봉청하玉峰淸夏, 방천위윤防川圍潤"이 있고, 이 외도 농소 8경, 천성산 10경, 이휴정 8경 등 구8경, 신8경이 많다.

지금 울산시민 다수는 생태도시로 거듭 태어난 것이 태화강 물만 정화되면 자연환경이 좋아지는 것으로 착각하고 있다.

그러나 강물을 맑게 하고 생태계가 되살아나는 것은 수질을 개선시키는 약품도 아니며, 이는 시민 모두가 강물을 정화하자는 사고와 의식에 달려 있다. 상류에서 흘러오는 맑은 물과 하류에서 내보내는 생활폐수, 공장하수의 정화작용이 큰 비중을 차지한다. 하지만 울산이 자연경관이 뛰어난 생태도시로 거듭 태어남은 태화강에만 기인되는 것은 아니다.

수십 억의 예산을 들여 꾸민 간절곶 등대가 서푼도 투자하지 않은 방어진 대왕산(울기) 등대의 발끝에도 쫓아가지 못함은 천혜의 자연환경이 만들어 준 조물주의 특혜 때문이다. 생태도시 울산으로 거듭 태어나기 위해선 옛 경관을 되찾는 일이 무엇보다 우리에겐 미래를 약속해 주는 크나큰 선물이라 생각되며, 어느 한두 곳 특정지역에만 투자를 치중하는 일은 바람직하지 못한 일이라 생각된다.

사람과 숲이 만나고, 강과 바다가 만나고, 향토문화예술이 꽃필 때, 그 도시는 번영과 미래의 행복이 약속되는 가장 아름다운 도시로 다시 태어나리라 믿는다.

울산의 낙화암落花岩과 악기樂妓

우리나라 각처에는 전해져 오는 낙화암이 여러 곳이 있다. 그 대표적인 곳이 부여의 부소산성에 있는 낙화암이다.

《삼국유사》 백제의 고기 편에 부여성 동쪽 모퉁이에 큰 바위가 있으며, 아래로 푸른 강물이 흐르고, 바위벼랑 위에는 백화정百花亭이란 작은 정자가 있다. 나당연합군에 쫓기던 3천 궁녀가 이곳에서 서로 껴안고 치마를 뒤집어쓴 채 강물에 몸을 던졌다. 이런 연유로 이곳을 타사암墮死岩이라 불렀는데, 훗날 여자를 꽃에 비유하여 낙화암이라 불렀다.

그 다음이 진주 남강변 촉석루 아래 있는 낙화암(落花岩=義妓岩)이다. 왜장 게야무라를 껴안고 남강에 투신한 논개論介와 평양성을 지키던 김경서金景瑞(1564~1624) 장군을 도와 왜장을 벤 계월향桂月香은 의기로 칭송받으며 후세에 그 이름을 남기고 있다.

이 두 여인은 의기義妓들이었지만, 지조와 절개를 굽히지 않는 시기詩妓와 악기樂妓도 있었다. 서화담과 일화를 남긴 송도의 황진이, 허균과 애틋한 사랑을 속삭였던 부안의 매창梅窓이 있다. 황진이와 매창은 조선 기생으로서 지성과 예술혼을 대표하는 상징적 여인들이다.

이들에 못잖게 울산에도 악기樂妓(동기童妓)가 떨어져 죽은 낙화암이 있다. 행정구역상으로는 울산광역시(군) 동구(방어진읍) 서부동(남목 2동=田)에 있었다. 지금은 현대중공업의 공장 확장으로 자취도 사라졌지만 지난 1970년 초까지는 낙화암이 존재하였다.

송전마을 들판 서남쪽에 위치한 미역골에서 흐르는 냇물이 야산의 끝자락에 있던 육중한 바위무리를 휘감아 돌던 곳에 낙화암이 있었다. 이곳은 약 700여 년 전에는 거센 바다 물결이 출렁이던 한바다였으나 오랜 세월 홍수에 의한 토사 이동으로 육지로 변하였다.

그 원인을 찾아 미루어 짐작해 보면, 도룡골(桃龍谷)에서 흐르는 도룡천, 감나무골에서 흐르는 옥류천玉流川, 비석골에서 흐르는 재기천물이 합수하는 지점이 안산案山 아래이다.

이 물은 큰내(大川)를 지나서 미포만으로 흘러들었다. 또한 미역골에서 흐르는 낙화암천, 명덕천, 녹수천 등의 냇물이 모두 미포만으로 흘러들어 홍수 때는 엄청난 토사를 이동시켰다. 만으로 흘러든 엄청난 양의 토사는 다시 동해의 거친 파도에 의해 육지로 밀려 올랐고 그 과정에서 생겨난 것이 삼각주 형태를 이룬 송전마을이었으며 낙화암은 벽해상전이 되고 말았다.

이곳 낙화암이 육지로 변하기 이전의 슬픈 사연을 목관이던 원유영元有永은 5언절구의 명시로 읊어 낙화암 바위에 중각重刻하여 후세 사람들에게 공명公明을 깨닫게 했다. 바위에 새겨진 애틋한 시는 읊을수록 가슴을 저리게 한다.

落花昔何年 東風吹又發　낙화석하년 동풍취우발
岩春不見人 空佇滄溟月　암춘불견인 공저창명월
曉來雲氣重 紅月忽岩前　효래운기중 홍월홀암전
照向人間去 春晴萬里天　조향인간거 춘청만리천

그 옛날 어느 땐가 꽃이 떨어지더니
봄바람 건듯 부니 꽃은 다시 피었는데
그 바위(낙화암)에 봄이 와도 그때 사람〔樂妓〕 보이지 않고
달빛만 하염없이 푸른 바다 위에 서성이네
새벽부터 구름과 안개가 짙게 끼었더니
저녁엔 밝은 달이 바위 위에 서성이네
지난 시절 비쳤던 옛 사람 가고 없건만
끝없이 봄 하늘은 맑게 개었구나

전해오는 구비口碑에 따르면 신라 말기 때, 이곳 바닷가의 절경을 이룬 바위 벼랑(落花岩)에서 지방관리들이 모여 화전놀이를 즐기며 놀다 술취한 한 관리의 난폭한 희롱을 피하려던 악기를 타던 동녀가 그만 실족하여 바닷물에 빠져 목숨을 잃었다는 애달픈 사연이다.

입고 있던 붉은 비단 치마는 미포 앞바다의 바위섬인 파련암波蓮岩(홍상도紅裳島)까지 떠밀려서 홍상도라 이름 지었고, 녹색 비단 저고리 옷소매는 낙화암이 있는 사빈砂濱에 내밀려서 녹수금의綠袖錦衣란 지명으로 불러울 만큼 울산의 낙화암은 비련을 안고 있다.

일정시대 때는 남북한 전역에서 멸치잡이 3대 어장으로 불릴 만큼 어종이 풍부해 유명세를 떨쳤던 곳이다. 지금은 세계적인 현대중공업이 들어서서 옛 모습은 찾아볼 수가 없다. 그러나 비단옷을 입고 악기를 만질 수 있었다는 것은 분명 천한 신분의 기생은 아니었을 것이다. 출신 성분이 기록으로 남겨져 전해오는 역사는 없으나 미루어 짐작컨대 동기童妓(악기樂妓)일 것으로 짐작한다.

조선 말기 이능화李能和(1869~1943)는 기생이란 어원 대신 해어화解語花라는 표현을 썼다. '말을 알아듣는 꽃' 이란 뜻이다. 기妓자의 어원을 분석해 보면 계집 녀女와 초목의 가지 지支가 합해서 이루어진 글자이다. 이 글자 이면에는 '풀이나 나뭇가지를 들고 교태를 부리는 여자' 가 원래의 뜻인 셈이다.

이능화는 우리나라 최초의 기생의 역사를 정리한 《조선해어사》란 책도 집필하여 많은 것을 시사하고 있다. 지금이야 시기와 의기가 어디 있으랴만 지난날에는 절개를 굽히지 않는 시기와 나라에 충절을 다한 의기와 만인에게 즐거움을 주던 악기가 있었다.

나라에 전쟁이 난다면 과연 이 시대에 삼천 궁녀 같은 여인들이 초개같이 목숨을 버릴 수 있으며, 논개와 계월향같이 나라를 위해 목숨을 버릴 수 있을는지! 고고한 절개와 지성과 예술혼을 불태우며 목숨 바쳐 일편단심 외로운 길은 뉘라서 이 시대에 걸을 수 있으랴.

사대부들의 기개가 하늘을 찌르던 고려와 조신시대에 천민의 초상화를 그려 사당에 걸고 숭모했으며, 마음을 끄는 애절한 암각시를 새겨 기리는 것은 그들의 충절과 예술혼을 높게 평가했다는 증거이기도 해 사뭇 가슴이 흐뭇하다.

부상효채扶桑曉彩같이 영롱하고 신선한 기생들의 행적을 살필 때마다 사내로서 마음은 고즈넉해진다.

염천炎天 선물

오늘은 광복 63돌이다. 야만적인 일제의 침탈로 국권을 상실하고 나라를 빼앗긴 지 35년의 암흑에서 다시 나라를 찾은 잊지 못할 날이다. 이날을 기념하기 위해 그동안 울산에서는 광복회 총사령이었던 고헌固軒 박상진朴尙鎭(1884. 12. 7~1912. 8. 11) 의사 생가복원 준공식에 참석했다.

말복을 지낸 뒷날이라 그런지 오전 10시가 되면서 불볕더위가 시작되었다. 식장에 도착했을 땐 11시가 가까웠고 채알을 친 마당 안은 가마솥같이 무더웠다. 정장을 한 탓에 더위는 더했고 함부로 윗옷을 벗을 수도 없었다. 주위에 앉은 8~90세 된 원로들이 불평 없이 앉은 자린데 가볍게 더위타령을 할 수가 없었다.

무슨 방법이 없을까 생각하며 손에 든 유인물 책자로 임시 부채질을 쳤다. 그 무렵 안내를 맡은 젊은 여성이 간이용 가오리 부채를 한 아름 들고 식장으로 들어왔다. 두말 않고 일어나서 네댓 개를 빼앗듯 받아서 곁에 앉은 사람에게 전해 주려는데 여기저기 달라며 손을 내밀었다. 주다 보니 내 것마저 남기지 않고 다 줘버렸다. 땀은 소나기를 맞는 듯 흘렀고 꼴은 말이 아니었다. 오늘같이 절실하게 부채가 필요할 때가 있었던가 아쉬운 생각을 하려는데, 문득 집에 둔 선물받은 부채 생각이 간절해졌다.

나는 귀한 부채 3개를 선물받은 적이 있다. 첫 번째 받은 것이 지난 2002년 여름 부산의 어느 수필 모임에서 정해자 선생으로부터 받은 정이다. 댓살이 고른 합죽선合竹扇인데 붓필로 적은 시구가 더위를 더욱 식혀 주는 청량제이다.

'돌담에 속삭이는 햇발같이' 신사 여름 정해자, 낙관까지 찍었다.

두 번째 받은 것은 2003년 진주에서 경남수필 모임에서인데 역시 합죽선에 일필지하 굵은 붓으로 노승老僧을 단묵으로 그렸다. 합죽 윗부분에 쓰인 팔언절구는 이러하다.

'應無所住而生其心' 無衣子.

손잡이에 매단 나무토막을 깎아 만든 부적 앞면은 머리를 든 두 마리 뱀이 다투는 형상이고, 뒷면은 꼬리를 든 한 마리 화평의 모습이다. 이를 뀐 줄은 일반적인 연꽃 문양의 매듭이다.

세 번째 받은 합죽선은 2004년 서울에서 만난 대표에세이문학회

총회 때 인보人步 윤주홍尹柱洪 회장이 준 것이다. 이것 또한 합죽선이다. 친필 붓으로 9언절로 쓴 시문인데 해독하기가 좀 어렵다.

'安不用高堂中自黃金' 壬午年 人步 尹柱洪.

낙관은 끝머리에 호(목)와 이름 아래 위로 가지런히 찍혔다.

이를 생각하고 있으려니 비 오듯이 흐르던 땀이 잠시 멎는 듯싶었으나 그도 잠시뿐 좌중의 열기는 더위를 더했다. 더 참을 수 없어 염치없이 빛 좋은 수박화채 한 그릇 얻어 마시고 더위를 식히며, 손에 든 부채를 열심히 흔들면서 언제부터 부채를 실용했는지 짚어본다.

고려시대 때 손목孫穆의 우리말 사전인 《계림유사鷄林類事》에 '선扇을 부채孚采라 한다' 고 하였다. 바람을 일으켜서 먼지를 날리고, 재앙을 몰고오는 액귀厄鬼나 병을 몰고오는 병귀 같은 불가시不可視의 사邪를 쫓았다고 믿었다. 또한 단오에 부채를 선물하는 풍습이 보편화되어 있었고, 역병을 쫓는 부채라는 뜻인 벽온선辟瘟扇이라고 불렀음은 벽사辟邪의 기능을 함께했음을 말해 준다.

이 벽사용 부채는 부채살이 길고 크며, 그려진 그림에 따라 일월선日月扇, 삼불선三佛扇, 사선선四仙扇, 팔선녀선八仙女扇 등으로 구분했다. 사실 부채는 우리 생활 깊숙이 주고받은 전통적인 속성이 있다. 신랑신부의 동정선童貞扇, 역병을 쫓는 벽온선辟瘟扇, 무당의 무선巫扇, 신을 불러내는 오신선娛神扇, 제를 지내는 제의선祭儀扇, 국상國喪이나 친상親喪을 당하면 소선(素扇=白扇)을 2년간 지니고 다녔다.

쥘부채는 개폐의 구조가 있다 하여 여자의 정조貞操에 비유되어 정조를 지키고 변절하지 말고 기다리란 사랑의 약속의 신물信物로 주고 받았다. 기녀의 화선花扇은 은근슬쩍 임 앞에 내밀며 정조를 상징시켰다.

지눌知訥이 혜심慧諶을 처음 만났을 때 가지고 있던 부채를 주었다. 스승으로부터 받은 부채를 보며 '전에는 스승의 손에 있던 것, 지금은 제자 손바닥으로 왔네. 만약 미친 듯 달리면, 맑은 바람 부쳐 일으켜도 무방하리' 라고 시를 읊었다.

중국 한 성제의 후궁 반첩여는 원가행怨歌行에서 이런 시를 읊었다.

'제나라 흰 비단을 새로이 쪼개니, 희고 깨끗하기 서리와 눈 같네. 마름질하여 합환선合歡扇을 만드니, 둥글기 명월 같구나. 그대 품속에 들어가 서늘한 바람 일으키는데, 항상 두렵기는 가을이 와서 서늘한 바람이 더위를 빼앗어 가면 상자 속에 내버려, 은혜와 정이 중도에 끊어지는 것이다' 고 했다.

고려 태조 왕건이 즉위하자 견훤이 신하를 보내어 축하하고, 왕 3년 9월엔 공작선孔雀扇을 바쳤다. 고려 의종毅宗 5년 4월부터 7월까지 가뭄이 계속되자 부채를 쓰지 못하도록 백성들에게 금휘선禁揮扇의 영을 내렸다. 이런 제도는 문종文宗, 선종宣宗, 숙종肅宗, 충렬왕忠烈王까지 쓰지 못하게 했다.

신미양요 때, 강화도 광성 포대에서 결전을 앞두고 병사들이 원형의 부채살에 각기 이름을 적어 일심선一心扇을 만들어서 공생공사를 결의하였다. 불행하게도 그 일심선은 미해군의 노획물이 되어 미국 아나폴리스의 해군사관학교에 전시되어 있다.

임진왜란 때, 중과부족으로 동래성이 함락되자 송상현宋象賢은 자결하여 순직했다. 죽기 직전에 백선白扇에다 '孤城月暈, 列陣高枕, 君臣義中, 父子恩輕(외로운 성에 달무리졌는데, 열읍군진은 베개를 높였다. 군신의 의는 무겁고, 부자의 은혜는 가볍다)' 쓰고 아버지에게 보냈다.

영국의 엘리자베스 왕 때는, 사랑하는 남자에게 부채를 일부러 떨어뜨려 줍게 함으로써 사랑을 표하는 풍습이 있었다. 말라르메 Mallarme, S. 시 〈풀라셀 퓌틸Placet Futile〉에 '사랑은 부채의 날개를 타고' 란 시구에서도 느낄 수 있다.

예부터 우리에게는 8덕이 있다고 했으며, 동서양을 막론하고 예사롭게 사용했던 것은 아닌 성싶다. 먼저 바람을 일으켜 더위를 쫓고, 방석으로 사용하며, 밥상 구실도 하고, 머리에 이고 다른 물건을 얹어 나를 수 있으며, 차일遮日 구실을 하고, 비를 막으며, 파리 · 모기를 쫓고, 얼굴 가리는 가리개〔遮面〕 역할을 한다.

영국에서는 신사숙녀를 위한 '부채말 학원' 이 있었고, 18세기 에스파냐에는 '부채말 사전' 이 있었다. 부채를 입술에 대면 '기회가 주어지면 당신 입술에 키스를 허용한다' 는 뜻이고, 부채 끈을 오른손에 걸고 접은 채 들고 있으면 '나는 연인을 구하는 중입니다' 는 뜻이다. 부채로 앞머리를 문지르면 '지금 당신 생각을 하고 있다' 이고, 부채를 펴서 얼굴을 가리면 '당신을 진정으로 싫어한다' 는 뜻이다.

일본에서도 군배단선軍配團扇이 있어 군졸을 통솔할 때나 화살을 피할 때에 사용하기도 했다.

아쉽게도 항일투쟁을 결사적으로 전개하며 자주독립을 쟁취하려던 대한광복회 동지들이 모이고 흩어질 때 회맹會盟의 증표를 남겼을 부채 하나라도 있었으련만. 광복 63주년을 맞아 고헌의 생가를 복원하여 치르는 기념식장에서 아쉬움으로 마음 뒤친다.

새 생명이 태어나는 태안

미명도 채 느끼지 못할 이른 새벽 4시. 삼라만상이 깊은 잠에 깨어나려면 아직 한참을 기다려야 하는 시각이다.

태안으로 떠나는 봉사클럽 일행들은 사뭇 들뜬 표정들이다. 지난밤 잠을 깊이 잘 수가 없어서 깨다 자다를 반복하였지만 먼 길 떠나는 마음은 잠을 쫓았다.

일행 150여 명. 참가자는 더 많을 수도 있었다. 4시 30분에 예술회관을 출발한 차는 강변을 스치는 융동의 한풍을 가르며 고속도로에 올랐다. 지긋이 눈을 감고 상념에 잠긴다.

'벌써 수십만이 다녀갔는데 별스럽게 기름 때가 아직 있을까?'

저마다 현지 사정을 모르는 일행들이 나 같은 생각을 함은 어쩌면 당연할지도 모른다. 차는 진주에서 산청을 거쳐 개통한 지 오래지 않은 대전 · 거제고속도로에 올랐다. 이 길이 경부선보다 훨씬 시간이 단축된다 하며 선택했지만 전체 소요시간이 엇비슷한 5시간 반 정도 달린 뒤에 태안군 구름포 바닷가에 닿았다.

긴 해안선 모래틈과 바위마다 하늘에서 옥황상제가 보낸 천사 같은 학들이 해안을 뒤덮었다. 수없이 찾아온 전국의 봉사인들은 티 없이 하얀 깃털(작업옷)을 몸에 두르고 돌을 문지르고 모래알을 헤집었다. 연미색과 엷은 모래 속엔 원유가 그대로 엉겨붙어 어떻게 해야 할 뚜렷한 방책이 없어 그냥 자루 속에 타르 덩어리와 모래를 함께 퍼 담았다. 겉으로 보기엔 바위 윗부분은 웬만큼 기름이 닦인 것으로 보였을지 몰라도 아래는 그냥 원유가 엉겨 붙어 있었다.

힘겹게 닦고 문지르고, 퍼담고 열성을 쏟으니 조금씩 나아지는 것 같았다. 나른함과 목마름을 느껴 함께한 금호생명 사원들이 가져온 냉수와 간식을 나눠 먹으며 봉사인으로서 우정을 가슴에 새겼다.

잠시 손길을 멈추고 소피를 보려고 살폈으나 사방이 인산인해로 눈을 피할 수 없어 바닷물이 빠진 바위 기슭으로 나아가 겨우 일을 보려는데, 내 눈을 의심할 만큼 경이로움을 확인했다. 뜨거운 오줌을 뒤집어쓴 굴딱지가 입을 다물었다. 순간 '살았네'를 무심코 내뱉으며 허릴 굽혀 다른 곳의 굴을 따서 깨트렸다. 속은 싱싱하게 알이 찾고 먹음직스러워 이빨로 깨물어 살점을 떼었다.

'아! 향긋한 특유의 굴냄새!'

환희였다. 태안반도의 바다 생명체는 살아 있었다. 나는 가슴을 펴고 바다를 향해, 아니 태안인들을 향해 마음속으로 소리치고 있었다.

'태안인들은 기죽지 말고 가슴을 펴라. 전국에서 학의 천사들이 끝없이 찾아와 바다를 살려내고 있지 않은가? 다같이 손을 잡고 어깨를 마주하며 미래를 열어가자'

태안은 결코 외롭지 않다. 사시사철 불어오는 바람이 있고, 하늘 높이 솟구치다 수직으로 곤두박질쳐 물속으로 잦아들 듯 날갯짓하며 우는 갈매기의 노랫소리가 있어 언제나 마음은 풍요롭고 사색과 낭만의 밭을 갈 수 있기에 오래도록 행복하리라 믿는다.

엷은 명주천 드리운 안개 바다에는 새생명이 깨어나고 있음을 느끼며 석양 노을에 떠밀려 아쉬운 발걸음을 재촉하며 귀로에 올랐다.

명산名山 품에 숨은 삼소三沼

영남의 알프스라 불리는 높은 산 계곡에는 자연이 만들어 낸 오묘하고 신비한 소沼가 여러 곳에 있다. 이 소에는 제각기 전해오는 이야기를 간직하고 있어 여간 흥미롭지가 않다.

지난해 가을, 단풍이 절정을 이루던 11월 초에, 명산의 품에 안겨 있는 소를 찾아 나섰다. 맨 처음 찾아간 곳이 울산권에 있는 '파래소' 와 '애기소' 이고, 마지막 간 곳은 밀양권의 '호박소' 이다.

금강산의 구룡대 아래쪽에는 상팔담 하팔담이 있다. 이곳 소에는 마치 하늘빛을 풀어놓은 듯 담 속에 고인 물은 파르스레하게 곱고 깨끗하다. 멀리서 바라보아도 지극히 맑은 물빛은 마시지 않아도 갈증을 달래주는 듯 오장육부가 시원함을 느끼게 한다. 태초부터 바위를 뚫고 흐르는 물줄기는 구곡양장九曲羊腸인 듯 굽이돌아 흐른다. 흐르는 물은 구름도 쉬어가게 하듯 위의 여덟 곳 상팔담에서 맴돌다가 아래로 흐른다. 다시 물은 아래쪽 하팔담에서 머물다가 아쉬움을 남기고 떠나는 여인旅처럼 하류로 흘러간다.

이 금강산의 상하팔담 못잖게 영남의 알프스에 속한 산악마다 각기 다른 이름으로 모양과 전설을 간직한 담이 있어 찾아가 본다. 가는 길은 차량을 이용할 수가 있어서 그다지 힘겹지는 않고 가볍게 등산하는 기분으로 접근하면 어렵지 않은 곳이다.

파래소波來沼

파래소는 울산광역시 울주군 상북면 이천리 간월산의 백연동 골짜기에 있다. 산세가 험준한 깊은 계곡에는 수림이 울창하게 우거져 웬만큼 가까이 다가서지 않으면 폭포가 흐르는 곳을 찾기가 어렵다. 수직단애에서 쏟아지는 물줄기의 수량이 많을 때는 멀리까지 폭포소리가 들리고 비말은 안개처럼 피어난다. 까마득하게 높은 벼랑 위에서 떨어지는 모습은 이백李白의 〈노산폭포盧山瀑布〉란 시를 떠올리게 한다.

> 날으(飛)는 물은 직하하여 삼천 척인데 은하수가 하늘에서 떨어졌나 의심되네
>
> 飛流直下三千尺疑是銀河落九天

이처럼 떨어지는 폭포는 아득하게 느껴져서 은하수인 양 착각케 한다.

주변에는 자연의 백화천수百花千樹가 우거져 봄에는 온갖 나무들의 연록색 잎과 야생의 꽃들이 어우러져 생동의 신비감을 만끽케 하고, 여름에는 싱그러운 신록이 풍만하게 그늘을 만든다. 가을의 단풍은 경탄을 자아내게 하고, 겨울은 잎 진 나목의 가지 사이로 한천寒天에 그림을 그린 듯 하늘이 아름답게 펼쳐진다.

이곳의 파래소와 폭포를 탐승하려는 사람들이 봄부터 가을까지 줄을 이어 찾아오고, 눈이 덮인 겨울에는 더욱 장관을 이룬다. 소의 깊이도 가늠할 수 없을 만큼 깊어 명주실 한 꾸러미를 다 풀어도 끝을 알 수 없는 곳이다.

전해오는 전설에는 소의 깊은 곳에 승천하지 못한 이무기가 살고 있어 겁 없이 물속에서 멱을 감다가 생명을 잃고 만다고 한다. 물속 동굴의 이무기가 사람의 몸뚱어리를 휘감아서 익사케 한다는 전설이 있다.

몇 해 전에는 KBS 지방 방송국에서 이곳을 수중탐사하다 아까운 젊은 두 목숨만 잃었다. 먼저 들어가 수중 촬영하던 요원이 오랜 시간 나오지 않자 다른 동료가 물속으로 들어갔으나 둘 다 끝내 나오지 못했다. 그 일로 파래소는 더욱 유명해졌고, 비경과 비운의 현장을 구경하려고 해마다 많은 사람들이 모여드는 관광명소로 변했다.

애기소(處女沼)

울산시 울주군 온양면 운화리雲化里의 대운산 남쪽 골짜기에는 아담하고 깊은 애기소가 있다. 운화리의 상대마을에서 내원암內院岩으로 향하다 두 골짜기로 갈라져 왼쪽 길로 들어서면 얼마 가지 않아서 만나게 된다.

대운산大雲山은 그 산세가 갖는 의미도 크지만 산이 넓어 많은 골짜기를 거느리고 있다. 여러 골짜기 가운데 청석봉의 남쪽 골짜기로 찾아들면 산세가 아름다운 계곡에 깊은 물을 가둔 곳이 애기소이다.

물이 너무 맑아 하늘의 구림이 한가롭게 비쳐들고, 나무들의 단풍든 모습이 투영되어 더욱 아름다움을 수놓는다. 이 애기소에는 높은 곳에서 떨어지는 폭포를 이루는 물줄기는 없지만 다만 1m 조금 넘는 높이에서 흐르는 물줄기의 소폭小瀑이 있을 뿐이다.

우람한 바위가 소의 좌우에 우뚝 섰고, 그 사이로 골짜기에서 흘러온 물이 아래쪽에 한길 넘는 깊이의 애기소를 만들어 놓았다. 소의 주변은 넓은 반석이 연이어져 있고 산천의 풍광이 아름다워 봄부터 가을까지 찾아오는 사람들이 많아서 아래편 주차장은 늘 북새통을 이룬다.

이 애기소에는 오래 전부터 애달픈 이야기가 전해오고 있다. 옛날 이곳 바위 기슭에서 나물을 캐던 한 처녀가 그만 실족하여 애기소의 깊은 물속에 떨어졌다. 함께 간 일행들은 물속을 뛰어들 수가 없어 발을 동동 구르는 동안 허우적거리던 처녀는 익사하고 말았다.

꽃다운 나이에 시집도 가지 못하고 죽은 처녀〔시집 안 간 어린 처녀를 경상도 지방에서는 아(애)기씨라 부른다〕인 애기씨의 넋을 기리기 위해 '애기소'라 부르게 되었고, 그 후부터 이 지방에서 구전되어 오는 구비口碑는 애절한 전설로 남아 있다.

호박소白淵村

울산에는 여러 곳에 호박소가 있다. 제각기 특징과 설화를 가지고 있는 울주군 웅촌면 돌내〔石川〕 호박소와 울주군 삼남면 작괘천酌掛川의 호박소가 있으나 이보다 더욱 이름이 알려진 대표적인 호박소가 있으니 그곳부터 먼저 찾아가 보기로 한다.

울산시 울주군 상북면과 밀양시 산내면과 경계를 이루는 정상 아래 상양촌의 동남쪽이며 백운산 남쪽 기슭에 있는 옛 마을이다. 석남재에서 마전馬田에 이르는 중간 지점에 있으므로 중마中村라 하며 호박소가 있는 곳이라 하여 호연촌白淵村이라고도 한다.

백운산의 남쪽 골짜기에는 백연사白淵寺, 오천평반석五天平盤石, 호박소, 구연폭포, 백운산계곡, 쇠점골 등의 명소가 연이어 있어서 관광의 명소이다.

이 호박소를 찾아오려면 중촌마을에서 석남재를 따라서 700m 가량 올라가면 백운산 중턱에 호박소가 자리 잡고 있다. 첩첩한 골짜기에는 물소리만 들릴 뿐 이렇다 할 산새도 반기지 않는 낙목한천落木寒天이다. 넓은 소에 떨어지는 폭포는 포말을 날리고, 인적이 끊긴 주변은 적막하기만 하다. 떨어지는 폭포의 물살에 의해 패인 자리가 마치 호박(臼)같이 생겼다고 해서 호박소란 이름이 붙었다. 가뭄 때는 기우제를 지내며 범의 머리를 소의 물속에 넣으면 물을 뿜어 곧 비가 온다는 전설이 있는 곳이다.

이곳은 12월에 접어들어 찾아온 곳이라 그런지 잎 진 나무들은 저마다 나신裸身의 곡선을 자랑하며 명상의 자세로 허공을 우러러 섰다. 습기 찬 골짜기에 산바람이 불면 나무들은 어스스 한기를 느끼듯 가지를 흔든다. 그 흔들리는 가지들을 보고 있노라니 소의 깊은 곳에 살고 있다는 용이 회오리를 칠까봐 무섬증이 들며 더욱 한기를 느끼게 해 마음을 다잡으며 점필제(金宗直)가 남긴 시를 읊어본다.

山家日暮掩柴扉
見客鋪茵喚炊
半夜却驚風雨猛
蜜蜂帶子過東籬

산가에 날 저물면 사립문이 닫히고
손님 보고 자리 깔며, 며느리 불러 밥 짓는다
한밤중 놀라 깨나 비바람이 사나워
꿀벌은 새끼 거느리고 동쪽 울타리를 지나네

벼랑 아래로 난 좁은 산길을 따라 걸으며 석양 노을에 물든 산악의 아름다움에 매료된다. 이곳에서 멀지 않은 곳에 동의보감의 주인공인 허준의 스승 유의태를 해부한 얼음골 동굴이 있다. 한여름에도 얼음이 어는 골짜기 빙곡氷谷, 이 얼음골에는 많은 이야기들이 숨어 있으므로 다음 기회에 다시 와보리라 생각하며 노을녘에 묻히는 발걸음을 재촉한다.

문무대왕제文武大王祭 유감遺憾

지방자치제가 시행되면서 우리나라 각 지방에서는 저마다 특색 있는 문화행사를 많이 치르고 있다.

울산에서도 크게 나누어 광역시가 뒷받침하는 문화행사가 처용문화제, 산업문화축제, 시민예술문화제 등이고 각 구군에서 별도로 치르는 행사가 여럿이다. 중구의 태화강 물축제, 남구의 고래축제, 북구의 쇠불이축제, 울주군의 간절곶 해맞이축제, 동구의 문무대왕제 등이 있다.

각 구군에서의 행사를 보면 그런대로 구군민들이 납득할 수 있고 현실에 입각한 근거에 의해서 축제를 치르고 있으나 문무대왕제는 전혀 축제를 할 만한 근거가 없다. 다만 이 지역 향토문화계의 몇 사람 편견으로 가시적 토대 위에서 축제를 한다는 것은 매우 잘못된 발상이 아닐 수 없다.

가령 아이들이 어른들에게 문무대왕제를 지내는 연유가 무엇이냐고 질문을 했을 때 "대왕암(용추암 주변) 일원에 왕의 시신이나 유골을 장사지냈으므로 그 혼백을 기리려고 제를 지낸다."고 대답할 것인가?

당치도 않는 말이다. 도대체 그런 대답이 어떤 근거에서 시작되었는지 안다면 삼척동자라도 웃을 일이다. 전설(구비口碑)이나 민화는 만들기에 따라 생겨나겠지만 어떤 사건이나 사물에서 유사하게 꾸며지고 만들어져서 유포된다면, 타당성이 있겠으나 얼토당토않은 거짓일 때는 그 이야기에 귀 기울여 공감하는 사람이 없을 것이다.

지난 90년대 중반 모 방송국에서 수중릉을 찾는다는 명목으로 2~3회 용추암 바다 속을 스쿠버 다이버들이 탐색한 적이 있다. 결과는 아무것도 없었고 다만 바다 속 한 곳에 석관石棺 비슷한 바위 두 개가 있었다고 조사팀이 보고했다.

이후 문화재 관련 부처나 학계에서 믿을 만한 근거를 어디에서도 찾아볼 수 없다고 일축했다. 그 돌들은 주변에 있던 바위가 풍화작용으로 크게 떨어져 바다 속으로 굴러 유입된 것이며, 이곳 주변에는 농짝같이 큰 바위들이 바다 속에 많이 산재해 있다.

필자가 태어난 곳도 동구의 한 어촌이다. 삽짝(대문)에서 다섯 발자국만 떼놓으면 바로 갯물을 적실 수 있는 순수 토종이다. 어릴 때부터 귀 아프게 들어온 댕바우(대왕바위)의 전설은 오히려 다른 곳에 있다. 왕이 죽어 장사 지낸 곳이나 왕비가 용이 되어 승천하다 떨어져 숨어든 곳을 용추암龍湫岩(굴窟)이라고도 하는데, 이곳 이름은 용추암만이 아닌 대양암大洋岩, 망양암望洋岩 등으로 불리기도 한다.

그렇다면 대왕암은 어느 곳인가? 댕바우(대왕바위=암岩)는 등대가 있는 산 전체의 큰 바위 무리를 아울러서 부르는 이름이다. 더 깊이 어원을 접근해보면 동면팔경에 읊어지는 어풍귀범御風歸帆의 자리가 일산동 고늘(꽃놀이) 쪽이 아닌 대왕암 산 쪽임을 감목관 홍세태洪世泰〔효종 4년(1653)~영조 1년(1725)〕의 〈어풍대御=馭風臺〉란 고시古詩에서 찾아볼 수 있으며 울산 읍지에 다음과 같이 기록되어 있다.

> 어풍대는 본부本府에서 동쪽 30리 일산포日山浦에 있는데 바윗돌이 바다에 우뚝 솟아 있는 곳이다. 이 대臺는 육지와 이어져 석산石山에 바위 구멍이 북으로 향해 뚫어져 있는데 파도가 치면 요란한 소리를 낸다. 구멍에는 배 한 척을 간직해 둘 만한 곳이다.

라고 기록되어 있다.

이와 같은 대목은 일산동 마을 뒤쪽에 있는 그늘(고늘, 곶놀이, 곶나루, 꽃나루) 즉 화진花津으로 변음되어 왔고 신라 왕이 배를 타고 일산만을 지나 찾아간 곳이라면 의당 대왕암 바위였을 것이다. 이 바위에 올라 동해를 바라보며 자적하게 시간을 즐겼으리라.

그렇다면 문무대왕제보다는 "어풍대제" 혹은 "어풍제"로 동구지역의 문화제로 뿌리내린다면 만인이 공감하여 호응하리라. 근간에 “처용문화제” 존폐를 놓고 티격태격하는 마당에 모처럼 치러내는 문무대왕제가 더 많은 사람들로부터 구설수에 오르기 이전에 동구를 아끼는 한 사람으로 조언하는 바이다.

항간에는 대왕암에 얽힌 전설을 찾다보니 눈에 보이지 않는 경쟁적 이기심이 싹터 가설적 근거를 제시하는 경우가 없지 않다. 이들 또한 향토문화를 아껴 발굴 조사하는 충정심은 높이 살 만하다 해도 지나친 유사문헌 대입이나 왜곡하는 것은 올바른 문화유적을 가꾸어 나가는 계기가 못 될 것이다.

과거 울산 울주 향토문화연구회장을 지냈던 김석보(1998년 2월 28일 사망)와 김송태 전 울산향토사연구회장이 발표한 글들에서 각기 그 전설을 달리하고 있다. 두 글에서도 모두 구비적인 일면뿐 문헌상으로 남겨진 것은 전무하다. 가설적인 토대에서 언급하고 있다. 전자는 문무대왕비가 용이 되어 숨어든 바윗골이 용추암이란 것과 후자는 《삼국사기》 본기 효성왕조에 있는 혜명왕비의 수중릉이란 대입은 어쩌면 모두 아이러니컬한 견해들이다. 한쪽은 용추龍湫를 능으로 가정한다는 것과 다른 한쪽은 물속에 있는 자연바위를 능으로 가정하는 것이 다를 뿐 가정의 근원은 모두 허구인 셈이다.

어찌되었거나 동구지역은 해영을 끼고 있는 삼면이 바다이다. 이 바다를 생활 근거지로 하며 대대로 살아온 동구민에겐 해영에 적합한 축제가 가장 어울릴 만하다. 고래축제도 빼앗긴 어지에 한 가닥

남아 명맥을 이어가고 있는 고기잡이 (가칭)어로축제漁撈祝祭, 봉수축제烽水祝祭 등으로 지역에 맞는 축제가 가장 긍정적이고 효과적인 축제가 될 것이라 권유하고 싶다.

끝내 고집하여 문무대왕제를 계속한다면 울산 시민 모두는, 아니 더 나아가서 전 국민, 전 세계인들의 귀를 막고 눈을 가리고 우롱하는 것밖에 아닐 것이다.

우린 미래를 위하여 보다 밝고 건강하고 참되게 살자. 그리고 아름답고 값진 문화를 반만년 전해오는 미풍양속을 후손들에게 부끄러움 없이 물려주자.

관광자원이 될 인도교

며칠 전 울산시청에서 태화강 인도교 설치에 따른 다리 이름을 짓는 간담회가 있었다. 그동안 공모를 통해 수많은 명칭이 쏟아져 좋은 이름을 선별하여 정하기도 쉽지 않았다.

전체 상정된 이름이 1,406건이었고 이 가운데 경남은행과 시청에서 자체 선별해 1차 선정된 23건, 2차 당선작 11건을 가지고 명칭을 심의 선정하는 모임이 간담회였다. 이 모임에서 심의위원들이 내어놓은 것이 지역특색을 감안한 은월교, 태화강 환상곡이었다.

앞서 선정된 3건 가운데 인연교人然橋, 해오름교는 조어造語여서 부적합하고 특히 해오름교는 타 지역에 해오름동산, 해오름길 등의 이미 앞서 정해진 이름이 있다 하여 삭제되었다. 십리대밭교, 은월교, 부활의 다리, 산업평화의 다리, 태화강 환상곡 등 다섯 이름이 첨삭되어 최종 심의에 붙었다. 조만간 태화들 대숲과 은월봉 아랫 기슭을 가로지르는 인도교가 설치되고 이름이 붙여지면 또 하나의 새로운 명물로 울산을 빛낼 것이다.

인도교의 설계도는 이미 완성되어서 모형입체도를 볼 수 있었는데 세 개의 교각 위에 상판이 얹히고 상판을 붙잡는 무지개형 반원교각은 수많은 와이어로 연결되어 견고함과 아름다움을 더해주었다. 뿐만 아니라 입출의 교각 끝머리엔 두바퀴 원형길을 돌아서 아래로 내려오는 길은 어느 곳에서도 보지 못했던 독특한 공법이었다.

이 다리가 놓아지고 교각 상하에 조명까지 곁들여지면 달이 뜨는 저녁 은월봉에 숨었다 얼굴 내미는 달과 푸른 잎새 살랑대는 대숲과 오색찬란한 불빛에 찰랑이는 강물은 삼위일체가 되어 환상적인 미경美景을 연출하여 아름다움의 극치를 이루리라 예감한다. 이곳을 찾는 산책객들은 낭만에 젖어 기쁨과 즐거움을, 인행의 행복감을 이곳에서 얻을 것이다.

지금까지 울산은 매연과 공해에 찌든 산업도시, 살고 싶지 않은 도시로 인식되어 이곳에서 살기를 꺼려 천대賤待받아 왔다. 그러나 민관이 앞장서서 공해를 단속하고 태화강에 유입되는 오폐수를 철저히 감시하여 생태의 강으로 되살아났다. 단 한 마리의 물고기도 살지 못했던 태화강은 5~6급수에서 2급수로 맑아지면서 강저에 사는 뱀장어, 망둥어와 수중을 헤엄치는 전어, 숭어, 누치 떼가 몰려들고, 요즘은 연어까지 회귀하여 태화강은 생명 재탄생으로 날마다 축제 기분으로 도시는 활력이 넘치고 시민들의 얼굴엔 희망과 기쁨이 가득하다.

이제 우리는 여기에만 안주할 것인가? 고래를 잡아 부의 첨단을 걷는 캘리포니아 포경 기지를 보라. 세계 각국에서 몰려드는 관광객들로 즐거운 비명이다. 고래 잡이가 아니라 회유하는 고래를 구경하는 관광자원을 장생포, 방어진으로 연결해 100만 명의 캘리포니아 관광객을 울산으로 옮겨와야 한다.

해 돋는 울산, 귀신고래의 울음소리가 선사시대부터 들려오는 울산만은 죽지 않고 살아 숨 쉰다. 언젠가 돌아올 귀신고래와 돌고래가 태화강 인도교 아래까지 치달아 올라 꼬리지느러미를 곧추세워 잔방귀 치면 시민들은 환호성 치며 기뻐하리라.

일출의 백미를 맛볼 수 있는 방어진 대왕산 등대와 간절곶 등대를 돌아 선사유적지 반구대 암각화와 천전리 각석을 돌아보라. 갈매기 해원을 돌며 낭만을 좇는 주전, 정자해변 몽돌밭을 거닐다 배고픔을 소주 한잔 회 한점으로 달래보라.

해 저물녘 무룡산 고개를 넘으며 산업의 역군들이 땀 흘려 선진대국을 만들어가는 산업수도의 심장 석유화학공단의 불빛을 보라. 마지막, 태화강 대숲길을 걷다 발걸음 지치면 아름다움의 극치를 이룰 인도교 위에서 산업도시, 생태도시, 관광도시로 다시 태어나는 울산의 맥박 소리를 들으며 울산을 되새기라.

수목장樹木葬 개설

진나라 시황제는 오래 살기 위해서 3천 명의 동남동녀에게 불로초를 구해 오게 하여 우리나라의 제주도와 남해안을 비롯한 봉래산까지 두루 살펴 불로초를 찾았지만 헛수고에 그쳤다.

세상의 자연이치가 늙어 병들면 죽는 것이 생로병사生老炳死인데, 이 세상에 생명을 가진 존재가 유독 한 개체만이 독야청청하기란 불가능한 일이다. 그래서 예부터 삶과 죽음에 대해서 전생과 내생이 있다고 했는지 알 수 없는 일이다.

영혼을 가진 인간에게 죽음은 이승 삶의 끝일 뿐만 아니라 저승 삶의 시작이다. 예부터 전해온 장례는 저승으로 가는 삶에 대한 예비

의식이며, 매장을 하는 무덤은 저승으로 들어서는 입문으로 생각했다. 이러한 장례의식은 죽은 자의 소망이기도 하였으나 궁극적으로 죽은 자에 대해 산 자가 치르는 결정 의식이었다. 이렇게 치르는 장례의식에서 생겨난 것이 생존자의 사생관死生觀이었고, 장례 풍습도 다양해졌다.

얼마 전까지만 해도 우리의 장례의식은 매장埋葬이 가장 성행하였고, 멀리 위로 거스르면 3국을 통일한 문무대왕은 수장을 지냈다. 화장하여 다시 수장한 경우이겠으나 그 무덤은 봉길리 앞바다의 바다섬 수중에 있다. 장례 풍습은 다양해서 풍장風葬, 천장天葬(조장鳥葬), 친지들이 나눠먹는 인복장人腹葬, 절벽 끝에 올려놓는 애장崖葬도 있는데, 현관장懸棺葬도 이와 비슷하다. 이 두 의식은 중국의 장강유역과 사천성에서 수천 년 동안 지속되어 온 장례풍습이며, 동남아 또는 태평양 지역에서도 성행하고 있다.

이 같은 장례에 따른 풍습은 각 국가마다 다르겠지만 크게 나눠서 두 가지 유형으로 볼 수 있다. 앞서 언급했듯 사생관은 전후로 나뉘는데 사생관의 그 하나는 진나라 시황제이다. 그러나 불로장생은 대자연의 질서 속에는 존재할 수가 없다.

무위無爲의 철학인 노장老莊에서 이와 같은 볼로장생 개념은 있을 수 없으므로, 다른 유형의 불사설不死說에 대한 이설은 공자이다. 《논어論語》〈이인里仁 편〉에 의하면 '아침에 도를 듣고 깨달으면 저녁에 죽어도 좋다〔朝聞道夕死可矣〕' 고 했다.

가장 현실적인 유학이 가장 현실초월적인 사생관을 가지고 있다고 사람들은 비판한다. 이런 삶에서 죽음에 이르는 전생과 내생에 대한 논쟁은 어제오늘의 이야기가 아니다. 그 때문에 동양에서는 특히 우리의 장례문화는 수천 년 동안 그리 쉽게 생각하거나 간단히 처리되어온 것이 아니다.

전 국토의 70%가 산으로 둘러싸인 우리의 국토는 실제 삶의 이용이 넓지 않다. 이런 현실을 비웃기라도 하듯 매장의 장례는 1년에 여의도 면적만큼 묘지가 늘어났던 게 숨길 수 없는 사실이었다. 좁은 국토의 효율적인 활용을 위해 이제 우리는 장례문화를 새롭게 해야 할 절실한 현실에 직면하고 있다. 그동안 매장이 서서히 감소하여 화장으로 많이 바뀌고 있으나 아직도 농어촌 지역에서는 매장을 선호하고 있는 실정이다.

한때는 화장 문화를 위한 캠페인도 벌였으나 그것도 납골당이란 꼴사나운 장묘문화로 전락하게 되어 시민들의 애호를 받지 못하고 있다.

이제 우리가 해야 할 장묘문화는 수목장이 가장 바람직하다. 이 수목장은 선진 독일에서부터 시작하여 급속히 우리나라로 확산되고 있으나 아직 그 실행단계가 미약한 실정이다. 몇달 전 서울에서부터 수목장에 대한 절차의식이 TV와 홍보물을 통해서 알려지기 시작했으나 아직은 그 실행이 극소수여서 계속적인 개도가 필요하다.

지난 6월 초 울산 YMCA 주관으로 울산에서도 가족문화회관에서 국내의 전문가를 초청하여 세미나를 가졌다. 많은 사람들이 진지하게 주제발표자의 수목장에 대한 당위성을 들었고 실현가능성에 대한 토론을 진지하게 논하였다. 매우 바람직한 수목장 개설에 대한 유익한 시간이었다.

머잖아서 서울을 비롯한 경향 각지에서도 수목장 개설의 현실화에 대한 방안을 모색하여 보다 앞선 개설이 선행되도록 언론이 앞장서 주기를 기대한다.

그 바다 앞에 서면

그날, 그 바다 빛도 유난히 짙은 담녹색이었다. 엷게 찌푸린 이른 봄 하늘은 높고 바다처럼 넓게 느껴졌다. 늦은 겨울이 채 물러서지 않은 대지는 이제 막 햇살에 깨어난 양지쪽 영춘화는 머잖아서 새봄을 노래할 준비를 서둘렀지만 아직 귓불에 와 닿는 바람살은 찼다.

그런 3월이 무르익던 날 바라보이는 앞바다에서 가슴을 에이는 비보悲報가 전해 왔다. 새파랗게 젊은 스물아홉의 꽃다운 나이에 바브쿡이 죽었다는 연락이 왔다. 이름 없던 항구도시 울산만에 정박한 모국母國의 화물선 선상에서 돌발사고로 짧은 인생을 마감한 것이다.

함부르크의 MAN회사에서 제작한 터빈용 고압 파이프를 반원형으로 벤딩해서 보낸 화물을 하역하다 압사했다. 무게만도 5톤이 넘는 이 제품은 특수철(비철금속인 모르브덴, 니켈, 니오브의 합금)로 만들어진 화력발전소의 가장 중요한 역할을 담당하는 맨 스팀 라인이다.

먼저 도착한 제품을 잘못 설치해 폐기처분하고 두 번째로 급히 제작해서 보낸 것이다. 하필이면 한전에서 나온 지게차 운전사가 있음에도 바브쿡은 자신이 하역을 하겠다고 우겨 변을 당했다. 지게차의 삽날과 고압 파이프의 면이 서로 미끄러지면서 반원형의 한쪽 끝이 운전자를 덮쳐 압사했다고 하니 뉘라서 죽음을 예감했으랴.

그에겐 결혼 1년 반 된 아내와 떠나오기 전에 출산한 1살 된 딸 아리아가 있었다. 부모형제와 많은 친지들을 두고 아깝게 떠난 죄 많은 사람이었다.

아무도 지켜보는 사람 없는 이국의 바다 위에서 비명횡사한 바브쿡 사건은 벌써 오래 전의 일이건만 오늘따라 유독 가슴을 저미게 한다. 생을 마감하던 며칠 전부터 그는 유독 고국에서 오는 화물선을 기다렸다. 그 배는 자국의 소속 회사로부터 물건을 싣고 오므로 행여 기다리는 가족의 편지와 물건을 전해 받을 행운이라도 얻을까 싶어 날마다 먼 바다 저쪽, 수평선을 바라보곤 했다. 그 배가 도착하면 아까운 인생이 끝나리란 예측은 추호도 느끼지 못한 채.

화물선이 도착하기를 애타게 기다렸던 사람은 바브쿡만이 아니었다. 영남화력발전소 건설현장에 와 있던 독일인 기술자 모두의 기다림이었고, 그보다 더 기다리던 사람은 한전의 건설 담당 관계자들이었다. 자재수송이 늦어지면 건설에 차질이 생겨 자연 준공이 제 날짜에 되지 않기 때문이다. 하루가 급하던 발전소 전력생산은 급선무 였다. 70년대 초 이제 막 걸음마를 시작하는 울산공단의 전기수요는 필수불가결한 것이었기에.

파견된 독일인 가운데 가장 체구가 크고 나이 어린 바브쿡은 우리들의 다정한 친구이기도 했다. 우리와 나이가 비슷한 그는 장난기 많은 150㎏이나 되는 거구여서 걸핏하면 노란 털이 무성한 팔뚝을 작업대에 올려놓고 한국인 셋이서 덤벼 넘어뜨리려는 철부지 같은 장난도 마다 않았으니 수개월 동안 서로가 정이 든 사이였다. 그런 그가 어느 날 우연찮게 비명횡사했으니 억장이 무너지듯 가슴이 아팠다.

부인과 딸을 사랑한다며 늘상 가족사진을 주머니에 넣고 다니며 꺼내보던 그는 나이보다 순진스러운 사람이었다. 딸 이름을 아리아라고 부른다며 사진의 얼굴에다 입맞춤을 하던 거구의 바브쿡.

40년 근속으로 회사로부터 손목시계를 받고 애지중지하며 다니던 Mr. 스미스는 그들 중 가장 나이 많았고 바브쿡에겐 직장의 대선배요, 보호자 같은 존재였다.

비보가 전해지고 몇 시간 뒤 시신이 타크보오트에 태워져 발전소 부두에 도착했을 땐 그들은 모두 담담했으나 눈물을 흘리고 있었다. 함께 있었던 우리 일행도 눈시울을 적시며 가슴 아파했다. 시신은 곧

바로 병원으로 옮겨져 알루미늄관에 담겨져 다음 날 김포에서 국제선을 타고 고국으로 돌아갔다.

1968년 그와 내가 처음 만난 곳이 영남화력발전소 건설현장이었다. 바람같이 지나간 세월은 잠깐 사이에 33년의 아득한 그리움만 남겨 놓았다. 다시 생각할수록 보고 싶은 얼굴들이다. 보일러 담당 스미스, 엥겔스, 터빈 담당 제퍼슨, 전기 담당 잭슨, 배관 담당 보흐첵, 용접교관, X-Rey판독 담당 뷘쉬, 총책임자는 이름이 기억나지 않는다.

그때만 해도 엄청나게 경제적 열세에 있던 우리나라는 인적, 물적 뿐만이 아닌, 어느 것 하나 독일을 따라잡을 수 있는 건덕지가 없었다. 그들의 눈에 비친 우린 바로 미개인이라 표현할 수밖에 없었다. 그들과 우리의 생활 수준은 하늘과 땅 차이로 비교될 수 없는 동경의 대상이었다. 생각할수록 그 시절은 왜 그토록 헐벗고 굶주렸던지 지난 일을 회상하면 얼굴 붉어지는 가난하고 암울한 시절이다.

오늘 울적한 마음을 털어 버리려고 장생포의 양죽陽竹 바다를 찾았다. 한때는 내 꿈과 이상을 키우던 이곳 양죽에는 결혼을 논하던 아름다운 여인의 외가이기도 하다.

아직도 바닷바람이 삽상颯爽하게 느껴지는 이른 봄날, 먼 바다에는 육중한 배들이 줄이어 정박해 있고 지금은 세계적으로 알려진 울산항은 신항만이 건설되는 비약의 도시로 탈바꿈했다. 이름 없던 울산항은 이제 세계 제일의 이름을 떨치는 현대중공업과 미포조선소가 자리해 있건만, 떠나간 바브쿡은 돌아오질 않는다.

지금 그 바다 앞에 섰다. 그때처럼 어두운 담녹색 바다는 잔잔하다. 행여나 그 바다 앞에 서면 그리운 사람들의 소식이라도 물결 소리 따라 들릴까봐 오래도록 침묵한 채 섰지만 무심한 갈매기 울음소리만 끼룩거리며 현란한 날갯짓으로 마음만 심란하게 할 뿐, 아무런 소식도 들리지 않는다.

문득 스쳐 지나는 십수 년 전의 생각이 되살아난다. 그때 같은 현장에서 일하던 독일로 간 친구가 전해주던 말이.

"아리아는 대학을 졸업하면 한국에서 직장을 잡고 싶다며 한국어를 열심히 배우고 있다"고….

국경일을 잊고 사는 현대인

11월이다. 뜨락에는 짙게 물든 나뭇잎이 떨어져 내린다. 갑신년 한 해도 저무려고 가을을 재촉한다.

강변에 서면 먼 산 그리메가 드리운 강심은 더욱 깊고 맑아 보이고, 청명 하늘은 끝 간 데 없이 넓기만 하다. 이렇듯 저물어 가는 계절은 만물의 결실을 마감하려는 듯 대지 위에 공허로움이 강물처럼 출렁인다.

지나온 한 해를 뒤돌아보니 무엇인가 놓쳐버린 아쉬움이 다한 일들이 가슴속에 허전함을 더해주는 것만 같다. 하릴없는 생각들 속에 잠겼다가 지나간 달력을 넘기다가 너무나 바삐 살아온 자신이 부끄러워진다. 무엇 하나 제대로 일궈놓은 것도 없고 남아 있는 날 동안

할 일도 없기 때문이다.

'이렇게 무력하게 지내 왔을까?'

하는 가슴을 파고드는 자책감에 얼굴이 붉어진다. 무심하게 지나쳐버린 국경일이며, 기념일들이 하나의 죄책감으로 양심을 부끄럽게 했기 때문이다. 왜 이처럼 현대인들의 의식과 생활 속에서 외면당하고 잊혀져 가고 있는지 슬프고 안타까운 일이다. 허울 좋게 무슨 날, 무슨 일로만 정해놓은 채 기념하거나 경축하지 않는 것은 당초에 정하지 않는 것보다 더 못하다.

그 가운데서도 10월은 다른 어느 날보다 개천절과 한글날을 기념하는 날로서 국민 모두가 경축해야 하는 날이다. 이날은 우리 민족이 바로 나라를 세우고 우리 글을 만들어서 문자를 사용하는 위대한 문화민족으로서 큰 의미를 부여해 주며, 희망과 긍지를 가지는 날이기도 하다.

홍익인간의 이념은 인간 중심의 사상으로서 민족정신의 정수이다. 또한 유교정신의 인仁은 깊은 철학까지 포괄하고 있다.

광활한 만주대륙을 지배했던 우리 기마민족은 동으로는 베링해를 건너 남북미주의 원주민이 되었고, 서쪽으로 진출한 민족은 동유럽의 헝가리까지 뻗어 나간 거대한 민족이다. 이제는 소극적인 반도의 틀에서 벗어나 대국적인 민족성, 우월한 민족의 독창성에 대한 슬기와 자부심을 가져야 할 때이다. 그 예가 한글이다.

한글은 독창성이 뛰어나다. 세계가 인정하는 독창성, 과학성을 지닌 최고의 문자이다. 이뿐만이 아니라 고유시가인 시조도 시형이 갖는 간결성, 시어를 선택하는 엄격성, 정형성, 시적의미의 압축성, 내용전달의 명료성, 수본수율의 음악성 등을 고루 가지고 있어서 선진외국 문단에서는 큰 관심을 가지며 연구 중에 있다. 이 모두가 한글에서 표현되는 정형定型이다.

이처럼 역사적이고 귀중한 것들을 기념하고 경축하는 날을 우리 국민들은 지금 무엇에 정신이 빼앗겼는지 한결같이 등한시하고 있는 현실이 서글픈 일이다. 휴일이 늘어나면서 많은 사람들이 문화와 예술 쪽보다는 유흥과 오락 쪽을 선호하여 점차적으로 국경일 기념일은 의식 속에서 멀어져가고 있다. 이와는 반대 현상으로 놀이문화에 깊이 빠져들고 있어서 망국의 증조가 예상되어 가슴이 무거워진다.

우리 국민들은 우리 스스로가 기억하고 지키며 가꾸어가야 할 날을 다시 한번 생각해야 한다.

1월에는 1월 1일 신정을 시작으로 2월에는 아무런 기념일이 없다. 3월에는 1일 삼일절, 3일 납세자의 날, 17일 상공의 날, 22일 세계 물의 날, 23일 기상의 날이 있고, 4월에는 3일 향토예비군의 날, 5일 식목일, 7일 보건의 날, 13일 임시정부 수립일, 19일 4 · 19혁명 기념일, 20일 장애인의 날, 21일 과학의 날, 22일 정보통신의 날, 28일 충무공 탄신일이 있고, 5월에는 1일 근로자의 날, 5일 어린이 날, 8일 어버이 날, 10일 스승의 날, 17일 성년의 날, 18일 5 · 18 민주화운동 기념일, 19일 발명의 날, 25일 방재의 날, 31일 바다의 날이 있고,

6월에는 5일 환경의 날, 6일 현충일, 18일 전설의 날, 25일 6·25전쟁의 날이 있고, 7월에는 17일 제헌절이 있고, 8월에는 8·15 광복절이 있고, 9월에는 27일 관광의 날, 10월에는 1일 국군의 날, 2일 노인의 날, 3일 개천절, 8일 재향군인의 날, 9일 한글날, 21일 경찰의 날, 24일 국제연합일, 26일 저축의 날, 27일 대한적십자 창립일, 28일 교정의 날, 30일 항공의 날이 있고, 11월에는 3일 학생의 날, 9일 소방의 날, 11일 무역의 날이 있고, 12월에는 3일 소비자의 날, 5일 국민교육현장 선포일, 10일 세계 인권선언 기념일, 25일 성탄절이 있다. 이 외에도 오랜 삶의 전통 속에 지켜온 미풍양속의 틀 속에 추념하고 숭상할 날이 많다.

1월을 시작으로 소한小寒(음 12. 15), 대한大寒(음 12. 30), 2월의 구정舊正(음 1. 1), 입춘立春(음 1. 14), 우수雨水(음 1. 29), 3월의 경칩驚蟄(음 2. 15), 4월의 청명淸明(음 2. 15), 한식寒食(음 2. 16), 곡우穀雨(음 3. 2), 5월의 입하立夏(음 3. 17), 6월의 하지夏至(음 5. 4), 단오端午(음 5. 5), 7월의 소서小暑(음 5. 10), 초복初伏(음 6. 4), 대서大暑(음 5. 6), 중복中伏(음 6. 14), 8월에 입추立秋(음 6. 22), 말복末伏(음6. 24), 칠석七夕(음 7. 7), 처서處暑(음 7. 8), 9월에 백로白露(음 7. 23), 추분秋分(음 8. 10), 추석秋夕(음 8. 15), 10월에 한노寒路(음 8. 25), 상강霜降(음 9. 10), 11월에 입동立冬(음 9. 25), 12월에 동지冬至(음11. 11)가 있다.

우리 민족은 수천 년 동안 이 땅에서 삶을 영위해 오면서 도도히 흐르는 강물처럼 민족의 전통과 문화를 저버리지 않고 이어오고 이어 갈 것이다. 그러므로 전례의 전통의 바탕 위에서 재정된 기념일과 숭모의 날은 절대 잊어서는 안된다. 이러한 의미에서 나 자신부터 말만 앞세우는 사람이 되지 말고 앞으로 철저하게 국경일을 비롯한 절과 일과 날을 잊고 사는 현대인이 되지 않기 위해 노력하는 사람이 되리라 다짐한다.

대인과 졸장부

조선 500년 질곡의 역사가 사양길로 접어들기 시작한 1800년 말기, 풍전등화처럼 꺼져가는 나라의 운명 앞에 많은 지식인들과 선각자들은 닥쳐올 앞날을 걱정했다.

기름이 다 타서 사그라드는 등불 같은 조선의 운명인데도 대원군의 쇄국정치는 밀려오는 서양 열강들의 개화의 물결을 철저히 배격했다. 급기야 작은 땅 조선을 사이에 두고 거대한 힘을 가진 러시아, 중국, 일본이 때를 놓치지 않고 식민지 정책에 혈안이 되었다. 이에 질세라 서양의 프랑스와 미국 또한 러·중·일보다 먼저 한반도를 호시탐탐 노려왔던 나라들이다.

1907년 일본과 을사조약을 맺으면서 조선의 국권은 상실되었고

500년 역사는 끝이 났다. 이후 전국의 각처에서는 빼앗긴 나라를 찾겠다는 의병들의 항거가 활화산처럼 거세게 일어났다. 이보다 먼저 선각자들은 나라의 장래를 걱정하며 신학문을 가르치기 위해 보통학교(초등)를 설립했다.

울산에서 가장 전통이 앞선 학교는 병영 · 언양초등학교인데 1906년에 설립하여 지난 5월에 개교 100주년 행사를 뜻 깊게 치렀다. 그 다음으로 울산초등과 남목초등학교인데 이들 네 학교는 1년을 앞서거니 뒤서거니 개교한 100년의 오랜 전통을 가졌다.

이 학교들을 설립하는데 가장 중추역할을 했던 사람이 추전 김홍조 어른이다. 추전께서는 고종 황제 말 조정을 출입한 연유로 울산 각처의 국유지와 사복부에서 관리했던 목장지牧場地를 얻어 학교를 설립하는데 최선을 다한 선각자이다. 그 후 안타깝게도 울산에서는 재력 있는 부호들이 많았음에도 조선의 광복을 위해 전 재산(농토 900두락)을 독립군자금으로 쾌척한 박상진 의사 이외엔 손가락 꼽을 만한 인사가 없다.

사재를 털어 사학을 설립하는 것은 쉬운 일이 아니다. 일정 때 비행기 한 대 값을 낼 정도의 대농과 염전을 일구어서 소금을 만들거나, 방어진과 장생포 어항이 호황을 누릴 때 고래잡이와 수산업을 경영하던 최고의 부호들이 제법 있었다. 그러나 이들은 오직 돈만을 아는 수전노에 불과할 뿐, 국가의 장래를 위해 인재를 만드는 교육기관 투자에는 안목이 따르지 못했다. 짚어보면 안타까운 노릇이다.

일제의 통치가 시작되면서 일인들에 의해 중 · 고등학교가 하나둘 세워지고 일찍이 교육에 투자한 사람은 없는 것으로 생각된다. 해방과 더불어 몇 안되는 중학(방어진중, 대현중, 울산중) 등이 개인이나 지방 유지들에 의해 설립되었지만 설립한 이후 계속 지원하고 투자하여 명문학교를 만들지 못했다.

1970년대를 지나면서 개인이 설립한 고등학교가 여럿 있다. 지금 명문이라는 청운고를 비롯하여 울산고, 성광여고, 제일고, 경의고, 홍명고, 예술고 등이 이들 학교이다. 이 중 몇 학교는 재정난에 몹시 허덕이는 설정이라니 학교를 세우는데 목적이 있는 게 아니라 학교를 잘 만들어 나가야 한다.

사립대학을 만든 현대중공업 정몽준 회장에겐 무언의 존경심을 갖지만 사학이 명문 대학으로 거듭 태어나려면 아직 많은 투자를 해야 한다.

이런 울산과는 달리 호남의 각지 학교 설립자들을 보면 울산과 많이 비교가 된다.

전북 부안의 십만 만석꾼 부자인 인촌 김성수는 전 재산을 털어서 고려대학과 동아일보를 세웠다. 광주의 무송 현준호는 호남은행을 일제강점기에 설립해 자본수탈에 항거하다가 강제 폐산당하였고, 광주의전을 세울 때 발벗고 뛰며 거액을 냈다. 전남의대의 전신이 광주의학전문학교이다. 현대상선의 현영원 회장이 무송의 셋째 아들이며, 현준호의 손녀딸이 현대건설의 현정은 회장이다.

우석 김종식은 순천 사람이다. 서울 혜화동에 여의사를 양성하려고 세운 경의여의전이 오늘의 우석대학이다. 순천고등학교와 순천여고도 그가 세웠다.

목포에는 문재철이 있다. 문재철은 신안군 바다의 섬들에서 염전, 면화, 물류를 중심으로 큰돈을 벌었다. 문재철은 신학 인수에 감명받아서 민족학교를 세우는 결심을 하게 된다. 그 후 설립된 학교가 목포사립고등학교인 명문 문태고이다.

여수의 부자는 김익평金翼坪인데, 당시 평坪자 항렬 28명의 '28평'이라 불렀는데 이들 26명이 일본에서 유학을 한 사람들이다. 여수 진성여자 중·고교, 한영고교, 한영공전이 이 집안에서 세운 것들이다.

이처럼 호남의 부호들은 일찍부터 사재를 털어 국가의 간성이 될 인재양성의 학교를 설립하였으나 울산을 비롯한 인근 지역에서는 이렇다 하게 이름난 교육기관을 설립한 부호가 없다.

앞을 내다보고 나라의 장래를 이끌어 갈 인재양성에 그만큼 안목이 없고 생각이 좁은 졸장부와 대인의 차이가 아닐는지.

새 천년의 정의精義

묵은 해는 가고 새해는 서서히 다가서고 있다. 새로운 천년이 시작되는 21세기를 맞으려고.

다가오는 새 세기를 맞으려는 지구촌은 벌써부터 흥분의 도가니에 빠져 도처에서 휘청거리고 있다. 열광하는 인간들의 속성 때문에 오히려 다가서기를 주춤거리고 있는 것 같다.

가는 천년을 조용히 보내고 오는 천년을 고즈넉이 맞을 수는 없을까? 모든 인간들이 한결같이 들뜬 기분에 취해 제정신을 못 차리고 있으니 선인들이 본다면 눈살을 찌푸릴 일이다.

일찍이 체징(보조국사, 804~880)은 송구연신을 일상과 같이 보내고 맞았다.

묵은 해니 새해니 분별하지 말게
겨울 가고 봄 오니 해 바뀐 듯하지만
보아라 저 하늘이 달라졌는가
우리가 어리석어 꿈속에 살지.

마음만 들떠서 요란스러울 뿐, 어제와 오늘이 하나도 달라진 것이 없다. 대자연은 그냥 그대로 자전과 공전을 거듭하고 있을 따름이다.

1999년이 가고 2000년이 온들 어떠하며 2000년이 가고 2001년이 온들 또 어떠랴. 어느 해가 가고 와도 자연의 순리에 쫓아 아쉬운 마음으로 보내고 경건한 마음으로 맞으며 순응해 살면 그만인 것을, 마치 21세기에는 온 지구 전체에 큰 행운이라도 안겨 줄 것 같은 착각과 망상에 빠져 있는 것만 같다.

엄격히 말해서 21세기는 2001년부터가 계산상으로 맞는다는 주장이 있고, 왜 하필이면 세기 종말終末을 서기에만 기준하느냐는 항변도 있다. 지금 세계화된 서기력 때문이기도 하겠지만, 우리에게는 서기보다는 단기가 오히려 더 귀중한 역시이다.

서기를 중시하지 않는 타 종교의 기원을 보면 모두 그들 나름으로 중요한 세기를 맞고 있을텐데 마치 서기에만 국한된 것같이 세계의 언론은 떠들고 있다.

서기의 기원은 '키 작은 수도승 데니스Denis the short' 라는 사람에 의해 만들어진 서역은 예수가 탄생한 날의 일주일 후인 할례 때를 1월 1일로 정하고 서기(AD)로 명명하였다고 하는데, 일각에서는 데니스의 계산이 잘못되었다고 논쟁되고 있다. 그러나 기독교인이 아닌 타 종교인들은 이런 의미의 연대기준에 거부감을 가지고 있다.

즉, 서기 2000년이란 평범한 해에 불과하다고 말한다. 그것은 불교국, 아랍국의 이슬람교와 티벳과 우리나라는 연도의 기원이 모두 다르기 때문이다.

단기는 4333년, 불기는 2544년, 이슬람역은 1387년, 티벳역은 2124년, 유태역은 5760년이 된다. 이렇게 종교와 그 나라의 기원역이 다르다면 세계 모든 나라들이 서기에 편승되어 마치 2000년이 하늘의 은총을 모두가 받는 것처럼 착각하고 있는데 특별한 것은 아무것도 없다.

다만 달라진 것은 한 해를 보내고 맞는 마음뿐이다.

어제의 태양이 오늘 아침 다시 떠오르고 저물고, 1년 365일 늘 그렇게 태양이 뜨고 저문다. 이런 일상 가운데 그저 차분하게 일과에 충실하며 2000년을 맞는 새해에는 플랭클린 코비가 말한 열세 가지 인생론(사명서)을 다시 생각하며 써 보는 것이 바람직한 일이 아닐까 싶다. 그 열세 가지 사명서(계획)는 인생에 대한 적절한 가치관과 진리가 담겨 있는 것이다. 즉, 절제, 침묵, 질서, 결단, 근면, 절약, 성실, 정의, 중용, 청결, 평정, 순결, 겸손이다.

2000년 새해에는 코비의 인생론을 다시 차분히 생각해 보면서 잡다한 소음 속에서 빠져나와 그저 조용히 자신의 인생, 삶을 정리해 보는 것이 바람직한 일이라고 생각된다. 공연히 남들이 '도약의 21

세기', '희망찬 새 천년' 운운하는 찬양론에 편승되어 자아를 상실한 다면 자신의 기본적인 인생 또한 나락의 늪에 빠져버리고 말 것이다.

하루에 한 가지씩 실천하며 살았던 코비는 말년에 펴낸 자서전에서 '인생은 실패하지 않았으며, 그런대로 만족한 삶을 살 수 있었던 것은 인생 사명서 덕분'이라고 고백했다. 이 얼마나 자기를 위한 유익하고 아름다운 일인가.

100년이란 긴 단위로 역사를 되돌아본다면 지난 역사 속에는 희로애락의 크고 작은 일들이 무수하게 점철된 시대였다. 이제는 인류의 문화가 꽃피워져야 하는 새로운 세기가 전개되어야 한다. 굳이 21세기를 기준한다면 금세기는 전쟁보다는 평화가, 과학문명보다는 문화예술의 시대를 맞아 인류는 영원히 이 땅에서 행복을 누리며 번영해 가야 하리라.

지난 1000년 동안 세계 인구는 3억에서 59억으로 불어났고, 평균수명은 30년에서 62년으로 늘어났다. 이 1000년이란 기준은 서기가 아닌 불기, 이슬람기, 티벳기, 유태기, 단기 등으로 계산했다 하더라도 그 1000년 속에는 서기에서와 마찬가지로 1세기 동안의 변화 과정은 같을 것이다.

이제 우리는 무엇보다도 우리가 가지는 새 천년에 대한 의식이 중요하다. 세계의 많은 나라들이 새 천년, 21세기를 외치는 이때에 우리 또한 무엇인가 새로운 각오와 마음 가짐으로 새해를 대처해 나가야 할 것이다.

새 천년은 오늘일 수도 있고 내일일 수도 있다. 묵은 해를 보내고 새해를 맞았으니 어설픈 것들은 떨쳐버리고 참신한 계획을 정립해 풍요로운 인생을 만들어 나가야만 아름다운 1000년을 살 수 있다.

새 천년은 꼭 오늘이 아니어도 무관하다. 새 천년은 내일일 수도 있고 그 다음 날, 2001년부터일 수도 있기 때문이다.

가는 천년 오는 천년

한 세기가 저물어 가고 있다. 마지막 남은 20세기의 끝 자락 30일. 이 30일이 지나면 새 천년이 시작된다. 20세기는 격동의 시대였고, 우리 민족에게도 수난의 시대였다. 그러나 끈질긴 한민족의 자긍심과 자주적인 노력으로 세기말에 들어오면서 괄목할 만한 많은 일들을 역사 속에 남겨 놓았다. 그것은 우리 민족에게 자부심을 갖게 하는 계기이며, 또한 해낼 수 있다는 자신감을 얻게 했다. 그것이 바로 88 서울 올림픽과 2002년 월드컵 축구 경기이다.

아직 월드컵 경기는 치러지지 않았지만 이제 곧 21세기의 서장을 장식하는 화려하고 장엄한 모든 인류의 대제전이 치러질 것이며, 경기가 치러지면 우리는 다시 한번 세계인들로부터 찬사를 받게 될것이라 예감한다.

한 세기를 되돌아보면 그동안 끝없이 명멸하는 불빛처럼, 전쟁과 평화는 세계의 도처에서 일어났고, 개인적으로는 3~4대를 거치면서 파란만장한 인생역정을 걸어온 세월이다. 이런 격동의 역사 속에서도 시간은 멈추지 않고 흘러가며 새로운 인류사를 창출할 것이다.

이 새로운 천년을 여는 새해 첫날 전국에서 해가 가장 먼저 떠오르는 곳이 울산의 '간절곶 등대' 이다. 이 밀레니엄 행사를 위해 울산광역시 · 군의 모든 행정력과 시민단체들까지 합세하여 준비에 총력을 다하고 있다. 새 천년에 대한 부푼 꿈을 안고서.

이런 행사는 울산뿐만이 아니고 전국의 각 도시마다 독자적으로 밀레니엄 행사를 치르려고 최선을 다하고 있다는 소식을 자주 듣고 있다. 좋은 행사를 치르려고 나름대로 관광상품을 개발하며 숙박시설을 확충하고, 도로정비하며 환경정리를 서두르며 새 천년 새해 아침에 솟는 해를 바라보기 위해 최선을 다하고 있다.

관광객이건 지역민이건 가릴 것 없이 나라의 태평성대를 빌고, 개인적인 소원성취를 소망하면서 모두는 하나가 되어 21세기에는, 새 천년에는 남북통일이 이룩되리라 기원할 것이다.

우리에게는 그 어느 때보다, 그 무엇보다도 더없이 귀중한 것은 통일이며 통일된 조국은 반드시 새 천년의 역사를 새롭게 수놓을 것이다. 또한 세계 속에 'KOREA' 로 우뚝 설 것이라 믿는다.

그것은 일찍이 광대무변한 중원벌판을 지배해 왔던 한민족의 기상이며 다시 고조선 시대를 열어 갈 우리의 사명이기도 하다. 우리는 기필코 세계 속에 새로운 한국이란 금자탑을 세워 21세기를 펼쳐 나갈 때 민족의 자긍심은 더욱 빛날 것으로 믿는다.

굳이 개인적인 소망이 있다면 주어진 생업에 충실하면서 건강하게 살며 많은 사람들이 공감할 수 있는 더 좋은 글을 쓰는 것이 소망이다.

이제 다사다난했던 1900년대의 마지막 달 12월은 일몰하는 태양처럼 서서히 저물고 있다.

떠나는 1000년과 작별할 준비를 하면서 기쁜 마음으로 오는 1000년을 맞이할 대문을 활짝 열어 놓았다.

뛰는게
아니야
살아가는
거야.
水雲間

네번째 방

우리 역사 바로 보기

—경주는 우리 역사의 산실이다

《천년 고도를 걷는 즐거움》을 쓴 작가 이재호가 선덕여왕릉을 찾아가 눈 덮인 왕릉의 모습을 보며 '여왕릉의 모습은 마치 여왕의 젖무덤같이 탐스럽고 아늑하다' 라고 표현한 것은 아마도 의식의 내면 속에 잠재되었던 어머니에 대한 본능적 그리움의 표현이 아니었던가 싶다.

이 거짓 없는 솔직한 표현이 바로 우리의 것이고, 우리의 소중한 역사의 유산에서 소산된 것이라 생각된다. 우리의 귀중한 역사를 우리 스스로가 외면한다면 그에 대한 결과는 비참해 진다.

이 지구상의 어느 국가보다도 신라와 로마는 가장 오래 한 나라를 통치해온 역사를 가지고 있다. 로마는 1천5백 년, 신라는 천년이라는 어느 누구도 넘볼 수 없는 장구한 세월 동안 한 국가를 다스려온 찬란하고 위대한 역사를 가지고 있다. 이뿐이던가. 고려 5백 년, 조선 5백 년의 기나긴 시간은 바로 우리 민족의 자랑이며 긍지를 가져도 그 누구도 의심하거나 흉볼 사람은 없다. 이 때문에 우리의 역사는 더욱 소중하고 자랑스럽기도 하나, 한편으로는 수치심을 금할 수 없는 민족으로 전락하고 있다.

지금 우리는 우리의 역사를 자라나는 아이들에게 가르치지 않고 있다고 한다. 초등학교 때부터 배워오던 역사공부를 어쩐 일인지 교육부에서 폐지시켜 역사책이 없는 상태이다. 어떤 민족이건 그 민족에게는 역사가 있고 전통이 있는 법, 이 역사와 전통을 외면한다면 그 민족의 장래는 어떻게 될까를 생각하니 정신이 아찔하고 눈앞이 캄캄해진다.

생각해 보라. 우리의 최고는 바로 세계적이며 어디에 내어 놓아도 손색이 없다. 훈민정음이 그렇고, 무적의 거북선이 그렇다. 팔만대장경과 5백 년 조선왕조실록이 우리의 찬란한 역사이고 민족의 숨결이다. 역사를 가르치지 않는 것은 민족의 걸어온 길, 내 가문의 자취를 부정하고 포기하는 것과 마찬가지이다. 무슨 연유로 자국의 역사를 가르치지 않는 것인지 그 이유야 정부이든 교육기관이든 있겠으나 그것은 국가를 상실하고 민족을 포기하는 것과 진배없다.

이런 현상을 보며 참지 못한 역사 작가인 S선생은 '자국의 역사를 배우지 않은 사람이 장래에 법을 다스리는 판검사가 되어 법정에서

준법을 다루거나 죄를 판결할 때 어떤 잣대로 역사의식을 올바로 판단하고 판결할 것인가' 를 신랄하게 비판한 적이 있다.

백번 옳은 말이다.

그 나라의 운명과 미래를 지고 갈 어린이들에게 자국의 역사를 가르치지 않는다면 그 나라의 운명은 이미 풍전등화나 다름이 없다.

삼국의 대업을 이룩한 신라의 경주는 우리의 역사가 숨 쉬는 가장 귀중한 심장과도 같은 곳이기도 하다. 그러므로 우리 국민들은, 아니 전세계인들은 이탈리아의 로마를 알듯, 한국의 경주를 알아야 한다. 그것은 찬란한 문화와 예술이 천년이 넘도록 잠들어 있고, 세계 역사상 이집트 다음으로 여왕이 집권했던 국가였기 때문이기도 하다.

그래서 경주는 문화의 보물창고이므로 우리 국민 모두가 우리 역사를 새롭게 공부하고 간직해야 한다. 이런 중차대한 일을 이제 다시 속간되는 서라벌신문이 앞장서서 우리 국민들의 올바른 정신세계를 개도하고 정립해야 한다.

'경주는 귀중한 우리 역사의 산실' 이기 때문에 더욱 그러하다.

시급한 문맹文盲교육

대다수 우리나라 사람들이 해외에 나가면 제일 고충을 겪는 것이 언어 소통이다. 10년간 영어를 배웠다는 대학 졸업자나 6년간 배운 고졸자나 할 것 없이 모두 말하지도 못하고 듣지도 못한다. 깊이 생각해 보면 한심하고 답답한 노릇이다.

그렇다면 왜 이런 반벙어리가 되었는지 그 원인을 규명해 보면 더욱 기가 찰 노릇이다. 중학 3년, 고교 3년 동안 머리를 싸매고 영어 공부한 것이 사회에 진출하여 실용하려는데 그 목적이 있지 않고, 우선 입시 경쟁에 편승해 쓰고 외는 것밖에 몰랐기 때문이 아닌가 싶다. 시험을 잘 치르기 위한 영어 공부에 시간과 돈과 노력을 모두 투자해야 하는지 한심스럽다.

근래에 와서는 보다 철저한 세계화에 대처하기 위해 초등학교 때부터 영어를 가르친다고 야단법석이다.

과연 이런 교육이 얼마나 효력을 거둘지는 알 수 없으나 현 상태의 교육 제도로는 큰 승산이 없지 않을까 싶다. 초등 교육에서 영어를 배운 아이들이 대학을 졸업해서 외국인들과 능숙히 대화하기란 아무래도 어려울 것 같다.

문제는 지도하는 스승과 방법(교육제도)에 있지 않은가 싶다. 물론 배우는 학생의 입장에서도 배우겠다는 열의와 스스로 깨우치겠다는 집념이 있어야 하겠지만 그보다 중요한 것은 가르치는 방법과 평소에 언어 소통 연습에 더 큰 문제가 있지 않을까.

명문 대학을 나온 머리 좋은 스승이라 해서, 영어 단어와 문장을 막힘 없이 왼다 해서, 절대로 교육이 잘 되고 학생들의 머릿속에 속속 박히는 것은 아니다. 문제는 가르치는 쪽에서 항상 영어 언어 습관을 길러줘야 한다.

50~60대 세대들은 요즘 아이들보다 우리 문화의 뿌리를 엮고 있는 한문을 그런대로 막힘 없이 읽는다. 중국 사람들과 만나서 대화가 통하지 않으면 지필묵으로 뜻이 통하여 급한 의사는 전달된다. 그런데 신세대 아이들에게 한자 몇 자 물어봐도 도무지 알지를 못한다. 그래서 그런지 한자가 섞인 글은 아예 읽으려 하지도 않는다.

우리가 우리 문화를 배척하고 눈뜬장님이 된다면 과연 어느 나라 사람들이 우리 문화를 지켜줄 것인지 막연한 일이다.

교육은 받아야 하고 시켜야 한다. 그러나 그 교육을 얼마나 잘 받느냐에 따라서 그 결과는 엄청난 차이를 가져오기 마련이다.

한일 양국 중고생들을 한자리에 모아 놓고 한자를 읽고 쓰라면 어느 쪽 아이들이 더 많이 알고 더 잘 쓸까?

결과는 보지 않아도 뻔히 얼굴 붉어질 일이다. 이제부터라도 우리의 뿌리를 찾는 한자공부, 문화 · 유적에 대한 역사공부에 치중하여 민족의 자긍심을 높여야 하고, 3년간 학교공부를 통해서 배운 영어 실력으로도 서로 소통할 수 있도록 교육 제도를 바꿔 나가야 할 줄로 안다.

나보다 네가 먼저 문맹을 깨쳐야 할 것이 아니라, 너보다 내가 앞서 문맹의 어두운 안경을 벗고 새로운 나를 만들어야 하지 않을까 싶다. 이것이 바로 세계화의 시작이다.

경진년庚辰年의 소망과 100년의 소사小史

올해는 60갑자의 열입곱 번째에 해당하는 용의 해이다. 용의 해를 맞아서 용에 얽힌 설화와 100년 동안 우리에게 있었던 일들을 살펴보고자 한다.

동서양은 용에 대한 상징성이나 길흉화복의 의미를 조금씩 달리하고 있다.

동양의 《본초강목》에 기록된 용의 모습은 여러 동물에 비유되어 있다. 머리는 낙타 같고 뿔은 사슴, 눈은 토끼, 귀는 소, 목은 뱀, 배는 큰 조개, 비늘은 잉어, 발톱은 매, 주먹은 호랑이와 같다고 한다. 마치 용을 직접 보고 묘사한 글 같지만 용은 상상의 동물이다. 상상의 동물이기 때문에 오히려 변화무쌍하고 무한의 힘을 가진 동물로 생각하고 있다.

고대 유럽인들은 용의 초월적인 용맹함을 경외敬畏하여서 로마에서는 군의 깃발에 달았고, 영국의 왕실에서는 여러 문장紋章에 그림을 그려 넣었다.

또한 바다에서 용맹을 떨쳤던 바이킹은 뱃머리에 용두龍頭를 장식하여 적으로부터 위압감을 갖게 했다. 하지만 또 다른 유럽국에서는 용은 신이나 영웅들에게 죽음을 당할 운명을 타고난 악신惡神의 화신이 될 수 있다는 믿음이 강했으므로 용을 경멸하면서 용이 지닌 여의주 같은 보물을 백성들에게 나누어준 경우도 있다.

용에 대한 설화는 아무래도 동양이 서양보다는 상징성을 더하고 있는 것 같다.

열두 동물이 각 방위와 시간을 지킨다는 십이지 신앙은 중국에서 시작되어 삼국시대 전후 우리나라에 전해졌다고 한다. 그 이후부터 사람들은 각 해에 해당하는 띠동물의 긍정적인 속성을 그해의 운세나 그해에 태어난 사람의 성격이나 운명과 연관시켜 보려 했다.

새해의 띠 동물인 용에 대해 조선시대 《훈몽자회》에는 '미르(龍)'라고 적고 있다. 미르란 '물(水)'과 '미리(豫)'의 의미로 보는데, 용은 수신水神이라 여기며 용의 출몰을 기록한 글 뒤에는 태평성대나 성인의 탄생, 군주의 승하 따위의 일들이 전개되는 것이 그 예이다.

우리는 꿈 가운데 용꿈과 돼지꿈을 최고로 친다. 용꿈이야말로 소원 성취를 이루어 주는 상징적인 꿈으로 사람들은 생각하고 있다. 특히 여의주를 물고 승천昇天하는 꿈을.

우리나라에서의 전래설화 가운데 큰 비중을 차지하고 있는 용은 전설이나 신화에 등장하는 상상의 동물로 뱀과 같은 몸통을 가지고 머리에는 뿔이 있고 네 다리에는 날카로운 발톱이 달려 있는 형상이다. 이런 형상은 동남아 지역에서 흔히 볼 수 있는 사족사四足蛇의 형상과 흡사한데 다만 사족사는 뿔이 없는 게 다른 점이다.

평소에는 연못이나 바다 속에 살다가 일정한 때가 되면 물을 박차고 하늘로 솟아올라 지상과 하늘의 초월적인 세계를 연결시켜 주는 영적靈的인 동물로 전해오고 있다. 이때 하늘로 오르면서 입에는 여의주(영롱한 빛을 발하는 구슬)를 물지 않고는 하늘에 오르지 못한다고 하며 이 여의주에서 내는 찬란한 빛이 무지개 다리를 놓고 승천한다고 한다. 만일 여의주의 위력(빛)이 약하거나 승천할 때가 되지 않아서 오르지 못하면 용이 되지 않고 이무기로 변한다고 한다. 머리에 뿔 대신 커다란 귀가 달린 뱀의 형상으로 남게 된다고 한다.

이런 형상을 한 뱀은 실제로 울산에도 있었다. 60년대 초에 세계적인 비료공장을 건설하려고 5비료 공장을 세웠고, 이 공장 터의 뒷산이 울산의 명산 돗찔산(猪頭山)이다.

산 정상은 공장과 염포만이 한눈에 내려다보이는 전망이 특출한 명당이다. 이곳의 터를 닦던 포크레인 기사가 기슭의 바위를 밀어내자 바위 아래 살던 찔꿈이(토속신)였던 큰 뱀이 삽날에 몸통이 잘려 죽었다. 뱀의 잔등에서 흐르는 피를 보는 순간 바위가 무너져 내리며 기사도 함께 굴러서 목숨을 잃었다.

원주민들의 말에 의하면 용이 되려고 이곳에서 살아온 귀 달린 뱀이 죽었으니 이제 5비료공장도 망할 것이라고 예측했다. 그것이 불행하게도 맞아떨어졌다. 한창 건설에 박차를 가하던 공장이 완공될 무렵 '사카린 밀수사건'이 터져서 5비료공장의 운명은 끝이 나고 아직까지 짓다만 돗찔산 별장은 완공을 보지 못한 채 40년 세월을 허송하고 있다. 과연 그 뱀이 죽지 않았더라면 용이 되어 승천했을까? 5비료공장뿐만이 아니고 울산 공단에 서기가 찾아들었을까? 되짚어 생각해 보게 한다.

옛 중국인들은 용의 이러한 초월성을 쫓아 천자天子의 상징으로 용을 사용하였는데, 이미 이 용과의 접촉은 신석기 시대부터 그 모습이 보인다. 《예기禮記》에서는 용을 봉황, 거북, 기린과 같이 사령四靈의 하나로 취급하였고, 한漢나라 시대에는 사신四神의 하나로서 동방을 지배하는 청룡靑龍을 숭상하였다.

사신의 관념이 성립되면서 용의 그림도 많이 출현하였으며, 이 당시 용의 모습은 말의 갈기를 지닌 형상으로 묘사되어 있다. 후일 불교가 성행하면서 팔부중八部衆의 하나인 용이 중국 전래의 용과 혼합되어 사해용왕四海龍王과 인간이 함께 활약하는 용왕의 전설을 낳게 되었다.

희랍의 아리스토텔레스는 날개가 있는 용이 이집트나 에티오피아에 있으며, 독니를 가진 거대한 뱀 모양의 용은 인도에 있다고 기록

했는데 이는 날개를 가진 신과 비단구렁이의 모습을 표현한 것으로 일부 사람들은 추측하고 있다.

짐승의 강한 속성을 지니고 세상의 비밀이나 생신력生神力을 독점한 용이 수정능력受精能力이 있는 지령地靈의 성격을 가졌다고 하여 권력이나 풍요의 상징으로 이용해 왔다.

동양뿐만이 아니라 서양에는 용을 드래곤dragon이라 부르는데 이는 뱀을 말하는 그리스어 '그라콘'에서 유래되었다. 그 모습은 동서양이 비슷하나 날개가 있고 입에서는 불을 토하며 날카로운 이빨을 내보인다.

용에 대한 설화가 이렇듯 동서양을 막론하고 아주 많다. 어쨌거나 용은 보통사람들이 대할 수 없는 신성불가침한 짐승임에는 틀림없다. 이 용의 해를 맞아 우리는 좋은 일, 못다한 일들을 이룩해 나라의 백년대계를 굳건히 해야 할 것이며 21세기의 시작이 용의 해로 시작되니 금세기 100년은 우리에게 유익한 일들만 있었으면 좋겠다.

파란만장한 20세기를 지내오면서 마지막 백년 동안의 소사를 살펴보면 정말 희비가 얽힌 일들이 많다.

'1900년에는 한강철교가 완공되었고, 1905년은 치욕스러운 을사조약이 체결되었다. 1906년은 일제 통감부 설치, 1907년은 고종이 강제 퇴위, 1909년은 안중 근의사 이토 히로부미 사살, 1910년에는 한일합방, 1911년은 신민회 사건(105인 사건) 발생, 1919년은 2 · 8 독립선언, 3 · 1운동, 대한민국 임시정부수립, 1920년에는 봉오동 청산리 전투, 산미증산계획 실시, 1923년은 관동대지진으로 조선인 6천여 명 학살, 1925년은 조선공산당 창당, 1926년은 순종 사망과 6 · 10만세 운동, 1929년은 광주학생운동, 1932년에는 윤봉길 의거, 1936년은 동아일보 일장기 말소사건 게재, 1939년은 일제 국민징용령 선포, 1940년에는 일제 창씨개명 실시, 한국광복군 창설, 1943년은 일제의 징병제 학병제 실시, 여자정신근노령(정신대) 공포, 1945년은 광복, 1948년은 제주 4 · 3항쟁, 대한민국 건국, 북한 조선민주주의 인민공화국 수립, 1949년은 반민족 행위 특별조사위원회 발족, 김구 선생 피살, 1950년에는 한국전쟁 발발, 1959년은 진보당 사건, 1960년에는 자유당 3 · 15 부정선거, 4 · 19혁명, 1961년은 5 · 16쿠데타, 1963년은 3선 개헌안 날치기 통과, 1965년은 한일국교 정상화, 베트남 파병 시작, 1966년은 한미행정협정 조인, 1970년에는 김지하의 오적사건, 전태일 분신자살, 1972년은 7 · 4 남북공동성명, 10월 유신, 1973년은 김대중 납치사건, 1974년은 긴급조치, 1976년은 3 · 1구국선언, 양정모 몬트리올 올림픽 레슬링 첫 금메달 획득, 북한 8 · 18 판문점 만행, 국내 최초의 고리 원자력 1호기 점화, 고상돈 에베레스트 첫 등정, 1977년은 수출 100억 불 달성, 1979년은 YH사건, 박정희 피살, 12 · 12 쿠데타, 1980년에는 5 · 18 광주민주화운동, 신군부 언론통폐합 조치, 1982년은 야간통행금지 해제, 부산 미문화원 방화사건, 프로야구 출범, 1983년은 명성그룹사건, 소련 KAL기 격추, 아웅산 사건, 학원자율화 조치, 1984년은 남북 고향방문단 서울 평양 동시 방문, 1986년은 대통령 직선제 개헌 운동, 1987년은 서울대생 박종철군 고문치사, 6월 민주항쟁, 6 · 29선언, 오대양 집단 변사, 1988년은 노태우 대통령 취임, 서울 올림픽, 전두환 이순자 부부 백담사 은둔, 1989년은 헝가리와 수교, 임수경 북한 평양청년학생축전 참가, 1990년에는 소련과 수교, 1991년은 지방자치제 부활, 남북한 유엔 동시 가입, 남북한간 '화해와 불가침 및 교류 협력에 관한 합의서' 채택, 1992년은 황영조 바로셀로나 올림픽 마라톤 금메달, 중국과 수교, 1993년은 금융실명제, 서해 페리호 침몰, 1994년은 성수대교 붕괴, 미군으로부터 국군 평시 작전통제권 인수, 1995년은 조선총독부 건물 철거, 1997년은 황장엽 북한 노동당 비서 망명, 국제통화기금IMF 관리체제, 1998년은 김대중 대통령 취임, 1999년은 북한 서해안 무장경비정 침투, 남북한 교전.'

이처럼 백년 동안의 길면서도 짧은 시간 속에 수많은 일들이 전개되었으며, 그 가운데 해방 이전(1900~1945)까지는 주로 일제에 의한 사건들이고 해방 이후(1945~1999)는 국내 정치 문제와 더불어서 외교, 체육 문제로 점철되어 있다.

이같이 잊혀질 수 없는 불행한 일들이 대다수 대미를 차지하는 반면 좋은 일은 그리 많지 않다. 이제 새 세기가 시작되는 2000년은 경진년이다. 이 용의 해에는 보다 좋은 일들만 있고, 국태민안과 예지력을 갖고 만사형통하는 새해가 되었으면 좋으련만.

함께 쓰는 줄글〔散文〕과 귓글〔詩〕

—나의 수필작법

평소 내가 수필을 쓰고자 할 때 '무엇을 소재로 하여 쓸까?' 를 깊이 생각하지 않는다. 그것은 늘상 수필에 대한 소재와 시문詩文에 대한 감성이 충만되면 메모를 해두는 습관이 있기 때문에 소재 선택에 빈곤을 느끼지 않기 때문이다. 또한 제목을 붙일 때도 제목을 먼저 정하는 경우가 많지만 붙인 제목이 마음에 들지 않을 때는 글을 다 쓴 뒤에 다시 고쳐 정할 때도 있다.

가령 숲에 대한 글을 썼을 때 '산' 이라 고쳐 정할 수도 있고, 다른 이름 즉, '흙', '골짜기', '수림' 등으로 바꿔 정할 수도 있다. 그러나 대개의 경우 제목을 깊이 생각한 다음에 선택하기 때문에 바뀌는 경우는 쉽지 않고 정한 대로 글을 쓰는 것을 원칙으로 한다.

제목은 내용만큼이나 중요하다. 그러기에 제목을 정하는데는 상당히 심사숙고가 필요하다. 제목을 어설피 붙이거나 내용과 동떨어진 것을 정했을 때 마치 항해하는 배가 목적지를 잃고 넓은 바다를 헤매듯 문장이 산만하고 글의 흐름이 표류하기 마련이다. 이같이 제목 정하기가 어렵고 신중을 기하지 않으면 좋은 수필을 다듬을 수가 없으므로 제목 정하기에 상당히 신경을 쓴다.

제목이 정해지면 수필을 엮어가는 것을 그다지 어렵게 생각하거나 힘들게 쓰지 않는다. 그것은 평소에 '무엇에 대한 수필을 쓸까?' 하는 생각을 가지기보다 일하면서 무심히 머릿속을 스치는 소재(글감)가 있으면 잠시 일손을 놓고 메모를 해두기 때문에 원고를 청탁받았을 때도 당황하거나 쫓기지 않고 자유제의 수필은 비교적 빠르게 청탁사로 띄운다.

차를 타고 낯선 곳을 여행하다가도 스쳐 지나가는 사물에 대한 시심이 떠오르면 잠시 길가에 차를 세워놓고 메모해 두었다가 여행이 끝나고 집에 돌아오면 시를 쓰거나 수필을 쓴다. 이때 시상詩想이 잘 정리된 것이면 한 편의 시를 얻게 되고, 이 시를 근거로 수필을 다시 써서 수필 속에 시를 넣기도 한다.

말하자면 한꺼번에 두 편의 글을 얻게 되는 셈이다. 이런 경우가 모든 작품에서 나타나지는 않으나 나의 수필작법에는 시와 수필을 함께 쓸 때가 많다. 이렇게 쓰여진 작품이 〈융플라워 풀꽃〉《월간문학》, 〈학소대 비경〉《월간문학》, 〈석탑〉《수필과 비평》, 〈섬암낙조〉《경남문학》, 〈고산화원〉《울산문학》 등이 그렇다. 이런 수필작법이 좋은 것이라고 내세우는 것은 아니다. 그렇다고 시와 수필을 함께 쓰는 것이 나쁘다고도 할 수 없다. 다만 나의 수필작법이 이렇게 쓰여지고 있음을 고백할 뿐이다.

이렇게 쓰여진 수필을 읽는 독자 가운데는 옳다 그르다를 지적하는 이도 있을 테지만 수필작법상 올바른지는 작가 스스로가 판단할 일이다.

롤랑 바르트는 '글쟁이ecrivant와 작가ecrivan를 확연히 구별한다'고 했다. 이 말은 '글쟁이는 정보를 전달하기 위하여 언어를 이용하는 사람이고, 작가는 공동언어의 수호자이기는 하지만 비非 지식적 언어, 혹은 전달 차단적 언어를 재료로 쓰는 사람이다. 작가는 말이라는 재료를 가지고 어떤 언어적 물질을 만들어내는 거인이다' 라고 정의하고 있다. 곱씹을수록 의미심장한 말이다.

우리가 일상적으로 겪는 신변잡사를 글로 표현했을 때 아주 흡족하게 생각될 때가 있고, 그렇지 않을 때도 있다. 꼭 같은 일상사의 이야기 중에서도 윤택스럽게, 충격과 경이가 느껴지는 것이라면 그것은 보람 있는 것이라고, 또한 작가 자신도 인생의 중대한 모습을 발견하거나 우주의 원리를 깨달을 수 있다고 김병규 선생은 어느 책에서 말하고 있다.

이 말은 수필은 작가의 문장력과 심오한 사고와 깊은 통찰력에 따라 쓰여지는 작품의 맛이 다르게 느껴진다는 것이다. 그러나 이런 글에서도 지나친 문장력, 통찰력, 심오한 사고에 집착하다 보면 오히려 작품의 질을 떨어뜨리고 독자로 하여금 식상하게 할 우려가 있으므로 절제의 능력이 절대 필요하다.

이처럼 수필을 한 편 쓰기가 쉽잖은 일이지만 자칫 이런 까다로운 수필의 형식이나 틀 속에 갇혀버린다면 쓰고자 하는 수필 즉, 자유로운 수필을 쓸 수 없을 수도 있다. 그래서 앞서 밝혔듯이 내가 수필을 쓸 때는 어렵게 생각하여 무거운 기분으로 쓰지 않고 비교적 가벼운 마음으로 글을 쓴다. 가볍게 글을 쓴다는 것은 곧 줄글과 귓글을 혼합해 쓴다는 뜻이다.

나의 이러한 수필작법 때문인지는 몰라도 수필 속에 시적인 향기가 없는 수필은 그다지 좋아하지 않는다. 다 그렇지는 않지만 문장이 딱딱하거나 서술적인 중수필엔 더욱 흥미를 잃어버린다. 이런 수필이 시적인 구성이 아니어서 그 수필이 갖는 수필적 특성이나 작품성이 떨어진다는 것은 결코 아니며, 시를 혼영하여 쓰여진 수필이 읽기가 좋으며 여느 독자들에게도 사랑받는 수필이 되지 않을까 싶다.

이런 나의 생각과 취향은 나 자신이 시적인 수필을 쓰고 있기 때문이 아닌가 싶다. 그리고 나의 수필 속에는 자연에 대한 내용이 많다. 자연 친화적이면서 예찬적인 글을 많이 쓰고 있다. 이 때문에 나무를 보려고 산으로 가고, 섬을 보려고 바다를 찾아간다. 그래서 여행을 비교적 많이 하는 편이다.

여행은 새로운 세계를 많이 보여주며, 또한 신비감을 더해주기 때문에 수필(글)을 쓰려는 감정을 촉진시킨다. 그런 연유로 여행을 좋아하며 틈이 나면 여행을 떠나려고 평소에도 준비를 하며 산다.

여행에서 보고, 듣고, 느낀(깨달음) 것들을 메모해 와서 먼저 육필로 초고를 한 다음 두 번째 원고지에 옮겨 쓰고 한동안 공삭힌다. 얼마간 시간이 지난 뒤 다시 펼쳐놓고 문장과 문맥을 손질해 마지막으로 원고지에 정서를 한다.

수필은 형이상학적 문학이기 때문에 지나치게 현실적이고 리얼리티한 부분은 귓글로 희석하여 내면에서 다시 걸러 자기 글로 변화시켜 쓴다. 즉 밖에서 얻은 것을 안으로 농축시켰다가 다시 쏟아놓는 자기 자신의 고백적 글을 쓴다. 그래서 수필은 '지성을 기반으로 한 정서적, 정신적 이미지로 된 문학'이라고 알베레스R.M.Aberes는 가장 수필의 성격을 잘 표현하고 있다.

윤오영 선생도 그의 수필론에서 '좋은 수필에 나타난 서경敍景의 아름다움은 꽃 그대로의 아름다움이 아니라, 한겹 놀 속에 비치는 꽃과 같은 아름다움이다'라고 말하고 있다.

그렇다. 서경의 아름다움은 노을 속에 비치는 꽃과 같이 절정의 아름다움이 되겠으나 지나치게 서경을 표현하다 보면 오히려 식상하고 천박해지는 글이 될 수도 있다.

결코 수필은 쉬운 문학이 아니다. 그러나 나는 수필을 그다지 어렵게 대하지는 않는다. 자신감을 가지고 꾸준히 숫돌에 무딘 칼을 갈다 보면 언젠가는 퍼렇게 날이 서듯 좋은 글, 물 흐르듯 한 글, 붓 가는 대로 쓰여지는 글이 될 것이라 믿기 때문이다. 그런 글을 쓰기 위해서 나는 지금도 줄글과 귓글을 함께 쓰는데 게으름을 피우지 않는다.

이것이 곧 나의 수필작법이다.

농부農夫가 낫을 가는 마음으로

—이것만은 알고 쓰자

농부가 풀을 베기 위해 낫을 간다. 너무 빨리 날을 세우려고 각도를 높이면 날이 넘어버리고, 너무 낮춰서 갈면 낫의 몸체가 갈려 날이 서지 않는다.

그렇다면 '어떻게 하면 넘지도 않고 무디지도 않는 날을 세울 수 있을까?' 하고 생각하며 낫을 갈면 기대하는 날이 선다.

바른 날을 세우기 위해서는 서둘지 않는 차분한 마음으로 각도를 잘 유지시켜 자루를 잡은 왼손과 낫 끝을 잡은 오른손에 적당한 힘을 가하여 밀고 당기며 갈아야 한다. 이때도 조급한 마음으로 마른 숫돌에 날을 세우려고 한다면 얼마 문지르지 않아서 날은 검푸르게 열을 받아서 못쓰게 된다. 낫을 갈려고 할 때에는 낫과 숫돌과 물이 있어야 하고, 이 세 가지 요소가 갖춰져야만 좋은 날을 세울 수 있게 된다. 물론 시간이 소요되더라도 날을 세우고자 하는 사람의 의도대로 날은 설 테지만, 그렇게 낫을 간다고 해서 쉽게 날이 서지 않는다. 좋은 숫돌이어야 하고 잘 담금질된 쇠로 만들어진 낫이어야 하며, 이 낫을 가는 농부도 갈아 본 경험과 요령과 그만의 방법이 있어야 좋은 날을 세울 수 있다.

이런 경험 많은 농부가 낫을 갈아도 가는 사이 한 번씩 엄지손가락 안쪽을 낫의 날에 문질러 보면서 날이 예리하게 면도날같이 섰는지를 점검해 본다. 날이 잘 섰을 땐 손끝에 전해오는 느낌이 싸늘하며 자신도 모르게 고개를 끄덕이며 만족해 하지만 그렇지 못할 때는 고개를 갸우뚱하게 된다.

'갈 만큼 갈았는데 왜 이럴까? 하고.

글을 쓰는 작가들도 농부가 낫을 가는 것과 다를 바 없다. 졸속으로 낫을 갈듯, 시간에 쫓기고, 성의 없이 글을 쓴다면 그 글 맛은 읽으나 마나이다. 적어도 잘 숙성된 장맛처럼 글도 향기가 있고 독자의 흉금을 매료시키려면 그만한 정성과 노력을 기울이지 않고는 농익은 글맛을 보일 수가 없다.

향기로운 수필은 으뜸이 소재에 있다. 어떤 소재를 고르냐에 따라서, 그 소재에 어떻게 양념을 쳐서 요리를 하느냐에 따라서, 어떤 그릇에 담느냐에 따라서, 그 수필의 맛은 달라지기 마련이다.

그렇다면 좋은 소재를 얻기 위해서는 가만히 집 안에 앉아 있어서는 아니 된다.

'꽃' 을 소재 삼고 싶을 때는 들꽃이 피는 초원을 찾아가 보기도 하고, 꽃집에 들러 꽃의 생태나 관리도 체험해 보아야 한다. '닭' 에 대해 글을 쓰고자 할 때는 지난 시절 이웃집 닭을 보았던 추억만으로는 닭에 대한 좋은 수필을 쓸 수가 없다. 경험과 체험을 바탕으로 하는 '꽃의 재배법', '양계법' 등을 경험함으로써 맛깔스러운 수필을 쓸 수가 있다.

겨울 강물에 투신한 자살자의 수필을 쓰려면 강물이 뼛속까지 파고드는 차가움을 느낄 수 있어야 한다. 그러기에 수필은 리얼리티한 생명력이 있는 글이어야만 읽는 사람을 감동의 뜨락으로 초대할 수 있는 것이다. 그래서 수필문학의 정수를 논한 선인들은 한결같이 수필에 대한 정론을 들고 있다.

문학평론가 아놀드는 '문학은 언어를 사용하여 인생을 예술적으로 표현하는 양식이다' 라고 말했다. 작고 적은 곳까지 섬세하게 그려내는 것이 수필문학이기에 더욱 미적 과정을 거쳐야만 문학적으로 형상화할 수 있기 때문이다. 결국 이 말은 문학은 언어를 도구로 하지만 예술적 가치로 표현되어야 한다는 말이다. 그래서 우리의 수필 또한 예술적 구성과 문학적 스타일을 두루 갖추어야 한다고 수필가 정태현은《나의 수필 작법》에서 수필론을 강조하고 있다.

앞서 지적했듯 수필은 소재의 문학이다. 소재를 붙잡기 위해서는 다양한 체험과 독서를 중요하게 여겨야 한다. 소재를 바라보는 눈은 늘 열려 있어야 하며, 소재와 마주치게 되면 집요하게 해석하고 추적해야 한다. 충동을 일으킨 소재는 애정을 갖고 관조하며 미적 경로를 생각해야 한다. 소재의 건축성을 고려하면서 구상의 밑그림이 그려지면 정서적 긴장감을 고려하면서 고요한 시간 속에서 생각을 가다듬고 초고를 단숨에 써야 한다. 어떤 연유이던 중간에 멈췄다가 다시 쓰려면 사유의 흐름과 그림의 틀이 흐트러지거나 흐려져서 그르치기 십상이다. 그러므로 한달음에 문장 형성을 가능한 마쳐야 한다.

미국의 작가 아르스만은 '작가는 자기 삶에서 가장 잘 아는 것들을 써야 한다' 고 역설했다. 가능하면 체험적인 것이지만 잘 아는 것과 쉬운 소재를 통해 주제를 선택해야 한다. 소재에 대한 애정이 없다면 맑은 영혼의 좋은 수필을 쓸 수가 없다. 앞서 언급했지만 소재가 잡히지 않을 때는 억지로 소재를 잡으려고 신기한 것, 특별한 것, 이상적인 것을 찾을 필요는 없다.

가령 어렵게 소재를 잡았다 하더라도 소재의 나열에 그쳐서는 안되며, 소재를 통해 무엇인가 의미를 전달하고 자신만의 목소리를 내고자 노력을 기울여야 한다. '예술을 하려면 사랑이 있어야 한다' 는 보들레르의 말은 무엇인가 가슴에 공감을 갖게 하는 말이다. 정태현은 《나의 수필 작법론》에서 '모든 감정은 에너지에서 나오지만 그 에너지를 가장 잘 이끌어낼 수 있는 것은 바로 사물에 대한 애정이기 때문이다' 고 역설하고 있다.

또한 그는 수필이 다른 장르와 구별되는 가장 큰 요소는 '소재의 다양성' 이라고 말하고 있다. 이 다양성 가운데 가장 그의 관심을 끄는 것은 '인생과 자연' 이라고 역설했다. 그래서 아리스토텔리스는 문학의 발생을 자연의 모방에 두었고, 프레밍거는 자연이 문학의 진실성을 가늠하는 기준이며 척도라고 하였을까. 때문에 자연은 인간의 갈등을 위로해 주고 고독을 해소해 주는 공간이라고 부언했을까? 수필은 진솔한 자기 고백의 글이다. 진실하고 쉽게 읽혀지는 서정을 바탕에 둔 해학적인 글이면 더욱 좋다.

나는 이런 수필을 쓰려고 오래 전부터 노력해 왔다. 가령 차를 타고 바쁜 걸음으로 업무를 보러 가는 길에서 마주치는 차창 밖의 사물들에 대한 정감이나 형태(사물), 빛깔, 변화하는 계절의 모습을 놓치지 않으려고 차를 도로 한편에 멈춘 채 기록을 한다. 이런 메모는 곧 좋은 수필을 다듬는데 반드시 필요한 소재가 된다. 불현듯 떠오르는 정감과 생각들은 그때를 놓쳐버리면 영영 생각을 잃어버리고 머릿속에 떠오르지 않을 때가 많다.

그러나 메모해 둔 소재를 농부가 낫을 가는 마음으로 천천히 향기 있는 수필로 각도를 잘 잡아 날을 세우듯 다듬는다면 좋은 수필이 될 수 있다. 하지만 자신이 아무리 잘 썼다는 생각이 든다 해도 장을 담아 숙성시키듯 한동안 접어두었다가 다시 펼쳐보면 새로운 향취를 느끼게 된다. 이렇게 두세 번 퇴고를 거쳐서 한 편의 수필을 건진다면 읽는이로 하여금 많은 공감을 불러일으키리라 예감한다.

쓰고 싶은 글

문명이 발달함에 따라서 인류는 더욱 많은 글을 쓰게 되고 써야 한다. 글을 쓰지 않는다면 문학인이라 할 수가 없다. 글 쓰는 일은 곧 문학이며 문학은 곧 글이다. 이 때문에 더욱 쓰게 되고 써야 한다는 사명 같은 것을 느끼는지도 모를 일이다.

내가 글을 쓰지 않는다고 해서 무슨 큰 변고가 생기는 것은 아니지만 평생 글을 쓰는 습관으로 살아왔기 때문에 글을 쓰지 않는다면 삶의 의미가 허전하고 삭막할 것이다.

처음 글을 쓰게 된 것은 문학적이라기보다는 문학 그 자체였지만, 고등학교에 입학하면서부터는 문학적인 글을 많이 썼다. 가령 책(시집) 한 권 살 돈이 없어서 책을 빌어 처음부터 끝까지 옮겨 적었고,

표지까지 도안을 흉내 내어서 책으로 묶는 일, 이렇게 만든 것이 더 가치 있어 보였고, 연감집을 합쳐 옮겨 적는 일을 계속하여 여남은 권은 실히 만들었다. 이것이 촉매제가 되어 문학을 더욱 열정적으로 할 수 있는 계기가 되었다.

고등학교 2학년이 되자 각 학교(울산농고, 울산고, 울산여고, 남창고, 언양농고)에서 재학생들이 방학 때면 시내에서 모여 향촌문학동인회, 치술령문학동인회 등을 결성하여 작품을 모아 팸플릿을 내기도 했다. 물론 인쇄가 아닌 등사판에서 제작한 것들이었다. 여기서 싹튼 문학의 열정은 끝내 학원, 학도주보를 통해 문단의 길로 내몰았고, 그때 시작한 글 쓰는 일은 오늘까지 계속되고 있다.

한때는 '왜 글을 쓰는가?' 라고 스스로에게 반문한 적도 있었다. 최명희가 《혼불》을 집필하면서 쓴다는 고뇌를 토로했듯 나의 대답은 명료했다. '내가 좋아서 하는 일' 이라고. 사실은 그렇다. 문학을 해서 크게 성공하거나 밥을 걱정 없이 먹여줄 만큼 미래를 보장해주는 것은 아니다. 그러나 내가 글을 쓰는 진정한 의미는 나 스스로가 나를 일깨우고 고독하지 않으려고 사유하고 열락의 안위를 찾으려는 것이다. 그리고 습관처럼 굳어버린 글 쓰는 일은 죽을 때까지 버릴 수가 없고 멈출 수도 없는 일생의 과업이며 사명처럼 굳어버린 삶의 한 부분이기도 하다.

이제 소망이 있다면 더 좋은 글을 더 열심히 써야 한다고 다짐해 보지만 과연 생기발랄한 청춘의 글을 쓸 수 있을는지가 염려스럽다.

글을 쓰는 일도 중요하지만 더 중요한 것은 글에 생명력, 즉 젊음이 있어야 한다고 생각한다. 청춘의 글, 피 끓는 생명력이 넘쳐나는 글을 쓰려고 노력하고 희구하지만 쉽사리 쓰기가 어려운 것 같다. 사유의 세계가 깊다 해서, 서정성이 높다 하여 좋은 글, 청춘의 글이 될 수는 없다. 글 쓰는 일은 정열이 있어야 하고, 소망이 있어야 하고, 노력이 있어야 하는 3박자의 유산이다. 감동적인 연애편지 같은 글, 그런 글, 발랄하고 생명력 있는 글, 학창 때 겁 없이 쓰던 글을 죽을 때까지 쓰고 싶다.

아편중독자가 아편을 하루도 맞지 않으면 이상 증세를 보이듯, 이제 매일같이 글을 쓰는 일이 마치 아편에 중독된 듯 평생의 운명처럼 오늘도 쓰고 있고, 또 내일도 쓰려고 한다. 그것도 육필로 원고지에다 끝없이 쓰고 싶은 글을.

질서의 도道

서구의 문명이 날개를 달고 날아오듯 이 땅에 범람하고 있다. 의식주를 비롯해 모든 것에 이르기까지 실로 하루가 다르게 의식의 구조마저 변해가고 있다. 어떻게 생각해 보면 매우 고무적인 생각도 들지만 한편으로는 염려스럽다.

동양은 동양의 문화가 있고 동양적인 바탕 위에 문명인이 되어야 하기 때문이다. 그렇지 않고 서양 문화의 토대 위에서 서양인들이 즐기는 문명이 뿌리내린다면 보나 마나 그것은 서양식 문명인이 되어버리는 것이기 때문이다.

그 나라의 문화란 정말 소중한 것이다. 한 나라의 전통문화란 매우 값지고 아무나 흉내 내지 못하는 독창적인 면이 있기 때문이다.

가령 우리나라의 대가족 제도 속에서 면면히 이어온 고향이란 의식은 쉽게 잊혀지기 어려운 것이고, 그 고향이란 의식 속에는 지연, 학연, 인연이 다 맺혀 있기에 고향을 떠나 살아도 고향에 대한 미련은 떨쳐 버리지 못한다.

그것은 오랜 우리 민족의 정착 생활에서 비롯된 것이며, 서양의 유목민들과는 근본적으로 다른 양상을 띤다. 그런데 이런 고정 의식들이 오래 전부터 서서히 붕괴되어 가고 있다. 소위 이즈음 말하는 신세대에서부터 시작해 점차적으로 장년층까지 변해가고 있는 실정이다. '그까짓 고향을 떠나면 어떠랴' 하는 사람이 있는가 하면 고리타분한 대가족 제도니, 고향 사람들과의 유대니, 선후배 관계니 하는 것들을 예사롭게 생각하는 사람들이 늘고 있기 때문이다.

거기다 산업사회로 변하면서 모든 생활의 리듬이 빨라지고 복잡해져 그야말로 정신 못 차릴 지경이다. 그래서인지 교통질서가 제대로 지켜지지 않고 사회 질서가 혼란해져 인간 질서까지 무너지고 있다.

지난해 10월 문화의 달을 맞아 우리 지역에서도 여러 사람이 문화공로상을 받았다. 그런데 그중 한 사람을 꼬집어서 모 지식인이 '왜 그사람에게 문화상을 주었느냐고' 사방 떠벌리고 다녀서 주위에서 듣는 사람마저 불쾌감을 갖게 했다. 왜냐하면 그들은 같은 지역 출신으로 학교의 선후배 사이므로 자기 얼굴에 침 뱉기가 아니냐고 되레 빈정거림을 받고 있다.

이런 것들 또한 인간관계의 고리가 끊어지고 다리가 무너져 내리는 현상과 마찬가지이니 실로 마음 허전하다. 그들은 결국 등을 돌리게 되고, 끝내는 서로를 욕하고 헐뜯는 사이로 변하고 말 것이니 퍽 가슴 아픈 노릇이다. 상을 받은 쪽은 겸손하고, 그것을 바라보는 쪽은 축하하고 격려할 때 우리 사회는 밝아지고 서로의 신뢰감이 튼튼한 고리를 만들어 줄텐데 정말 안타까운 일이다.

우리 사회는 커다란 그물과 같은 구조를 이루고 있다. 그 그물코 하나하나가 지금 서서히 끊어져 가고 있다. 그것이 지나치면 바로 성수대교 붕괴와 같은 사회 붕괴 현상을 초래하게 된다.

아들이 아버지를 살해하고, 부하가 상관을 구타하고, 학생이 교수를 폭행하고, 선후배끼리 헐뜯고 손가락질하는 풍토는 일찍이 우리 사회에서는 찾아볼 수 없었다. 이 모든 것들은 산업사회가 도래하면서 급기야 개인주의가 발달하고 서구문화가 물밀듯이 밀어닥친 데서 비롯된 현상이 아닌가 싶다. 이런 모든 현상들은 이제는 사회 전반에 걸쳐 만연되고 있어 이 사회를 받치고 있는 올바른 다리는 무엇일까? 해답은 간단하다. 동양의 정신적인 지주는 뭐니 해도 예의범절이다.

일찍이 공자의 유교 사상에서 비롯해 오랫동안 문화와 전통을 지켜온 삼강오륜을 바탕으로 한 동양의 정신문화에 그 뿌리를 둔 대가족제도의 질서이다. 이런 맥락에서 본다면 이제 우리는 질서 의식이 소연해진 이 시대에 무엇보다 시급한 문제인 사회질서의 정착이 가장 먼저 선행되어야 한다고 믿는다. 그렇다면 오늘의 내가 제일이라는 의식은 버리고 점진적으로 삼강오륜의 바탕 위에서 서로 신뢰하고 돕고 칭찬하면서 작은 것부터 고쳐 나가야 한다.

혼잡한 교통질서와 인간질서가 정착되어야 하고 노사 간의 충돌이 근절되면서 국민적 정서와 복지 문화가 뿌리를 내려야 할 것이다. 서구 문화에 의한 놀이보다 고유한 우리의 놀이를 개선 장려하여 하루빨리 보급하고 지도해서 우리 생활 깊숙이 심어져야 하겠다.

일찍이 정신문화를 앞세운 나라들은 오랜 역사를 지탱하면서도 면면히 국가의 백년대계를 중시 발전해왔다. 그러나 한 시대를 풍미하려 했던 향락적인 문화를 향유했던 민족은 결국 멸망하고 말았으니, 로마가 그렇고 삼국을 통일한 신라가 그것을 입증해 준다.

이렇듯 사회 질서 상실은 엄청난 국가의 붕괴와 멸망을 가져오고 있다. 우리는 이 시점에서 누가 누구를 손가락질하고 질시하거나 모함하지 말고 모두가 힘을 합쳐 넓은 그물의 코 하나 하나이듯 이 사회를 지키고 병들지 않게 깁고 손질해서 강상지변綱常之變의 질서의 도를 숭상해 나가야 할 것이다. 이것만이 우리가 번영되게 살아갈 것이라고 굳게 믿는다.

그래서 선현들은 강상지변綱常之變이면 세상이 말세에 이른다고 했다. 모든 사회구성 요소는 무너져 내리는 다리와 같이 붕괴되고 만다 했으니 피땀 흘려 이룩한 내 고장을, 더 나아가서는 조국을 더 이상 무질서한 사회로, 질서 상실의 인간 삶을 지속해서는 안 될 것이다.

—민주연합신문(98. 7. 10)

짐이 무거우면 삶이 고달파진다

—나의 가상 유언장

나는 죽네
놀라지 말게
마음 굳게 먹고 신에게 감사해줘

천재 시인 키츠가 죽어가면서 마지막 조지프 세반에게 남겼던 말은 너무나 애절하다. 키츠는 잠자듯 눈을 감고 조용히 죽었고 키츠의 죽음을 지켜준 세반도 그 후 키츠 곁에 묻혀 쌍둥이처럼 묘비가 세워졌다.

너는 여전히 노래하리라
네 높은 진혼가 나는 흙이 되리라

너는 죽게 태어나지 않았다 불멸의 새여!

키츠가 세반에게 남긴 마지막 말은 바로 유언遺言이다. 세반의 묘비명도 그가 죽어가면서 남긴 유언이다.

나는 지난해 영국 전역(스코틀랜드, 웨일즈, 런던)을 문학기행하면서 키츠의 마지막 유언과 세반의 유언(묘비명)을 읽고 가슴으로 눈물을 흘렸다. 죽어가면서 즉흥적으로 하는 유언과, 미리 유언장을 만들어보는 가짜 유언은 그 의미가 사뭇 다르겠으나, 어찌하였거나 유언장을 남긴다면 이렇게 했으면 한다.

나는 비교적 재물에 대한 욕심이 많아서 집 안에 들어서면 마당에서부터 서재에 이르기까지 수십 가지에 수백 점에 이른다. 우선 분재가 그렇고 수석을 비롯한 잡다한 것(그림, 도자기 등)이 너무나 많다. 이 가운데 가장 짐스러운 것이 책인데 수천 권의 책을 어찌 다 감당하리요. 해서 삼복더위에는 하루도 빠짐없이 물을 줘야 하는 분재는 시청 놀이공원에 기증을 하고, 잡다한 수석, 도자기, 그림 등은 가까운 친인척끼리 나눠 갖고 서재의 책들은 정리해서 대학도서관에 보낼 것을 유언하고 싶다.

젊었을 때는 온 세상이 모두 다 내 것인 양 욕심만큼 소유하면 안 될 것도 없을 것 같았다. 취미로 한점 두점 분재와 수석을 모은 것이 이제는 업業이 되어서 30여 년 고락을 함께하여 정이 들었기에 묵언默言의 가족이다. 그러나 내가 좋아 수십 년을 기르며 돌봐왔지만 가족들은 탐탁하게 생각하지 않는다. 생각해 보면 그럴 만도 하다.

3~4일간 여행을 다녀오려면 누군가 가족 한 사람은 집 안에 남아서 물을 줘야 하기 때문에 오히려 부담스러운 존재일 따름이다. 그러므로 내가 눈감아 버리면 누구의 손에 옮겨 갈지도 모르는 일, 그래서 공공기관에 기탁하는 것이 바람직한 일이라고 판단된다.

이렇게 쉽게 재물에 대해선 마음을 비울 수 있으나 반평생을 함께 한 아내는 어떻게 할 것인지에 대해서는 여태까지 이렇다 하게 가짜 유언장에 밝힌 사람이 없는 것 같다.

강남 갔던 제비가 봄을 찾아 돌아와서 추녀 밑에 집을 짓고 알을 낳아 새끼를 친다. 얼마 후 성장한 제비 새끼들은 저들의 짝을 찾아 중천 어디로 날아가 버린다. 제비 부부는 새끼들이 떠난 둥지에서 쓸쓸히 지내다 어느 날 암수 한 마리가 죽고 만다. 피울음 울어보지만 황천으로 떠난 짝은 돌아오지 않는다. 홀로 기다리던 짝 잃은 제비, 그도 못 견디게 그리움 한입 물고 다른 짝을 찾아 길을 떠난다. 하물며 만물의 영장인 사람이야 그 제비보다 더 외롭고 가슴 아픈 슬픔을 간직하겠지만 시간이 약이라 했던가.

불가에서는 '회자정리會者定離 거자필발生者必滅'이라 했다. 죽은 사람은 떠나고 남은 사람은 다시 또 만남을 추구하는 법, 어찌 한세상 귀한 생명 얻어 왔거늘 홀로 살랴. 사는 동안 좋은 사람 만나서 서로 사랑하고 위하고 아끼며 따뜻하게 인생을 마감하는 것이 최대의 분복이며 청복이 아니겠는가.

부인에게도 말하노니 슬픈 마음 오래도록 간직하지 말고 서로를 위할 수 있는 좋은 짝을 만나서 위로받고 위로하며 살기를 바란다. 그것이 무에 그리 흉이 되리. 우리도 마음의 문을 열고 자유로운 의식을 받아들여 자유롭고, 여유롭게 사는 것이 최대의 행복이 아닐까 싶다.

젊은 시절에 용기백배하여 매사에 양보도 없이 모든 것 다 가지려고 앞만 보고 줄기차게 달려와서 이제 인생 영마루에서 황혼을 맞으니 어리석기 그지없음을 뒤늦게 깨닫게 된다.

인생의 무거운 짐을 하나 둘 내려놓고 가벼운 마음으로 남은 여생 누리다 떠나고 싶다. 끝내는 인생무상을 깨달으며, 공수래 공수거인 것을.

짐이 무거우면 삶이 고달파진다.

이제는 미련 없이 나누어 갖자.

2차 대전과 6 · 25

'지나간 과거와 오늘(현재)이 싸우게 되면 미래에 대한 희망을 잃게 된다'

이 말은 세계 제2차 대전을 승리로 이끈 처칠의 말이다. 되새겨 보면 볼수록 명언 중의 명언이다.

우리 인류에게 가장 무서운 것은 전쟁이며, 가장 비참한 것은 파괴된 도시에 사는 사람들의 가난이다. 나는 이 무섭고 처참한 전쟁을 두 번 몸소 겪었다. 그 첫 번은 유년시절에 있었던 미일간의 대폭격이었고, 또 한번은 소년시절에 겪은 6 · 25 사변이다.

2차 대전은 미일 간의 전쟁이었으나 그 전쟁이 한반도 남쪽의 바닷가에서 치열하게 전개되었다. 미국 전투기들의 공습을 피하려고 한반도 근해에 접근한 일본의 전함과 군수물 수송선들이 맹렬하게 대공포를 쏘아대며 저항했으나 어른과 아이의 싸움과 같았다. 한바탕 폭탄을 쏟아 붓고는 사냥에 성공한 독수리처럼 유유히 사라지던 미국 비행기들. 어쩌면 사냥에 실패가 있을 수 없다는 듯 독수리의 날카로운 부리와 발톱에 찍힌 먹이가 맥없이 주저앉듯 바다 곳곳에 떠 있던 일본 전함과 수송선들은 삽시간에 하나 둘 바다 속으로 가라앉았다.

그때 침몰한 배들은 잠깐 사이에 다섯 척이었으니 얼마나 많은 일본의 배가 가라앉았으랴. 겨우 살아남은 일군들은 바다에서 허우적거렸고, 피투성이가 된 장졸들을 마을 사람들이 전마선을 타고 나가서 목숨을 구했다.

뭍으로 나온 병사들이 미군 비행기가 사라진 서쪽 하늘을 향해 이를 '부드득' 갈며 악을 쓰던 기억이 지금도 기억 속에 생생하게 남아 있다.

"저 양키 개자식들, 어디 두고 보자. 반드시 복수할테니 두고 보자."

승자와 패자의 모습은 선명히 달랐고, 전쟁의 결과는 너무나 처참하고 무서웠다. 그때 내 나이 다섯 살이었는데, 살아남으려고 아버지께서는 어린 내 손을 붙잡고 논밭과 가옥 문서가 든 가방 하나만 달랑 들고 뒤란 울울한 대숲 언덕에 숨어서 그 비참한 관경을 목격했다.

그 치열하고 처참한 전쟁도 끝나고 36년간의 식민지배에서 벗어나 삼천리 강토가 기뻐하는 광복을 맞았다. 그러나 그 기쁨도 잠시뿐 5년 뒤 민족상잔의 6 · 25동란이 일어났다.

1950년 6월 25일 일요일을 틈타 괴뢰집단은 소련제 탱크를 앞세워 38선을 넘었다. 물밀듯이 밀고 내려온 북한은 삽시간에 낙동강 방어선을 허물고 부산을 향해 마치 토끼를 앞에 놓고 으렁대는 이리떼같이 사납게 밀어붙였다.

천우신조의 도움이었을까? 겨우 살아남은 부산, 울산, 양산이 풍전등화 같았고 이승만 정부도 제주도 피신을 목전에 두고 있었다. 목이 조여 숨이 넘어가기 직전 하늘은 우릴 버리지 않았다. 세계 16개국 UN의 참전으로 겨우 살아남아서 맥아더 장군의 인천상륙작전으로 다시 압록강까지 올라간 남한군의 사기는 청천하늘의 별과 같았다.

하지만 불행하게도 다 잡은 토끼를 놓치듯 다시 1 · 4후퇴를 하였고, 그 혹독한 겨울의 흥남부두는 철저하게 비참한 지옥과 같았다. 38선을 사이에 두고 밀고 당기기를 거듭하던 중 전쟁으로 인한 엄청난 희생만 이 땅에 남긴 채 휴전협정이 되고 말았다.

6 · 25 당시는 내가 초등학교 4학년 때이다. 최후방에 울산군(시) 방어진 읍(동구) 남목 동부리(동)에 있던 남목초등학교도 후방병원(부상병치료와 환자수용)으로 내준 뒤 학생을 학년별로 강가나 묘지 곁에 모아서 나뭇가지에 흑판을 걸어놓고 야외수업을 했다.

그 당시 4학년 1반 담임은 해병대 사령관(준장)으로 예편한 이상무 장군의 누님인 이경숙李敬淑(2000년 사망) 선생님이셨다. 그때 배운 노래가 〈내 동무〉였는데 기억 속에 아련히 되살아난다.

> 해는 져서 어두운데 찾아오는 사람 없고
> 밝은 달만 쳐다보니 외롭기 한이 없네
> 내 동무 어디 두고 나 홀로 앉아서
> 진종일을 생각하니 눈물만 흐른다

선생님 따라 부르고 불렀던 노래. 전쟁으로 헐벗고 굶주린 아이들은 노래가 좋아서 계속 불러서 55년이 지난 지금도 잊혀지지 않고 당시의 생각들이 눈에 선하다. 전쟁으로 모든 생산 공장이 파괴되고 어느 것 하나 제대로 남은 것이 없었던 참담한 시절, 그저 남은 것이라곤 처참한 가난뿐이었다. 순전히 미국을 비롯한 우방국에서 원조해주던 구호품뿐이었고, 어쩌다 야전용으로 지급되던 시레이션 박스 한 통 얻는 날이면 최고의 선물이며 행운이었다.

6 · 25 동란이 끝날 무렵에 학교에서 단체로 주어지던 영양식 우유는 큰 드럼통에 넣어져 왔으며 가루우유는 물을 섞어 반죽하여 쪄서 나누어 주었다. 절반은 생우유이고 익다 말다 한 우유는 정말 꿀맛이었다. 우유가루를 하얗게 입언저리에 묻힌 채 서로가 얼굴을 쳐다보며 배를 잡고 깔깔거리던 동심은 이제 아스라이 스쳐간 추억으

로 그립기만 하다. 그 당시의 우리 생활은 인간이 사는 사회의 가장 불쌍하고 가난한 삶의 연속이었다. 굶주림에 지친 피난민들과 부모 잃은 고아들은 겨우 목숨만 연명되는 나날이었다.

6 · 25 동란이 일어난 지도 55년, 전쟁의 폐허 속에서 악전고투하며 일어선 우리는 이제 세계무역의 열두 번째 강대한 국가로 탈바꿈했다. 아무것도 없는 불모지 무에서 유를 창조한 슬기롭고 강인한 민족이다. 이제 두 번 다시 참담했던 과거를 경험하지 않기 위해서는 안보와 국방이 튼튼한 나라가 되어야 한다. '유비무환有備無患' 이것이 우리가 우리를 지킬 수 있는 가장 소중한 힘이라고 고 박정희 대통령은 신앙처럼 읊었다.

번영된 대한민국의 오늘이 있기까지는 6 · 25동란 때 함께 피 흘린 우방국의 그 고마운 우정을 잊을 수 없다. 이제 그 우방국과 아프리카의 가난한 사람들에게 형형한 눈빛으로 넉넉한 정을 따뜻하게 보내주어야 한다. 그럼으로써 미래에 대한 희망을 잃지 않게 되고, 다시는 무섭고 비참한 전쟁을 막고, 모든 나라들이 서로가 정을 나누는 이웃으로 함께 행복을 추구해 나갈 것이다.

찔레꽃 모정

매실梅實이 인체에 좋다는 TV 드라마를 본 후 3년 전부터 묘목을 농장에 심었다. 토종 매실과 개량종을 섞어 심었는데 토종은 자람이 늦고, 결실 또한 신통치 않았다. 그러나 토종은 토종 나름으로 약효가 좋아서 인기가 높다.

지난 달 농장에서 매실 나무에 재거름을 넣다 지쳐 밭언덕에 앉아 잠시 땀을 식혔다. 바라보이는 산섶마다 피어난 온갖 꽃들과 나뭇잎들은 봄의 축제를 벌여놓은 듯 푸르름과 화사함으로 출렁댔다.

그때 5월을 뽐냄이라도 하듯 숲속에서 알싸하게 코끝을 저미는 꽃향기가 바람에 실려왔다. 나는 알 수 없는 향기에 이끌려 사방을 두리번거리니 저만큼 소나무숲을 이룬 언덕 아래 다소곳이 묘지가 보이고, 그 묘지 곁으로 이제 막 피어난 듯 하얗게 미소 짓는 찔레꽃 무리가 눈길을 끌었다.

순간 나도 모르게 일어나 묘지 곁으로 다가서 보니 초록빛 살찐 넝쿨 위에 이제 막 핀 우윳빛 만개한 꽃무리를 바라보며 한동안 넋을 잃은 채 서 있었다. 꽃 냄새를 맡고 날아든 나비와 벌들이 꽃술마다 부지런히 들락이며 꿀을 찾는다. 주위는 한낮인데도 벌들의 날갯짓 소리가 들릴 만큼 고요하다. 허리를 굽혀 가만히 꽃 한 송이를 따서 코끝에 가져와 숨을 깊이 마셨다. 그윽한 꽃내음은 마음의 문을 활짝 열며 어린 시절 추억 속으로 나를 끌고 갔다.

50여 년 전, 열아홉 살에 시집온 어머니는 아들 귀한 집안에서 첫딸을 낳았다. 축복도 잠시뿐 첫돌의 기쁨도 누리지 못하고 엷은 꽃잎이 햇살에 지듯 눈을 감았다. 가슴에 피멍울을 안고 절규하던 어머니는 그래도 참아야 했다. 윗대로 여자가 많은 집안이어서 딸을 낳은 어머니를 시어른들은 고운 눈으로 보지 않았고, 어쩌면 단명으로 죽은 손녀에게 애절함이 적었던 것도 당연한 것이었는지도 모를 일이었다.

그 후 오래되지 않아서 어머니는 천금 같은 아들인 나를 낳았으니 집안의 사랑을 독차지했다. 귀공자답게 잘 키우려 했던 소망은 꺾인 장미꽃 시들듯 절망적이었고, 날이 갈수록 시름만 깊었다.

태어나서 세 살까지 제대로 발육도 못한 아이는 걸음도 제대로 걷지 못했다니 이 무슨 운명이었던가? 그럴수록 어머니는 절망하지 않고 정성을 다해 옳은 인간을 만들려고 최선을 다했고, 날마다 장독대에 정화수를 떠놓고 칠성님께 빌고 또 빌었다. 애당초 태어나지를 말았으면 그토록 애태우지는 않았을 것을, 삼신할멈을 원망도 해보며 자나 깨나 애태움 속에서 자란 나는 8살에 겨우 초등학교에 입학할 수 있었다. 이 세상에 태어나 한 인간으로서의 시작이었다.

그때까지 내 밑으로는 남동생이 없었으니 어른들의 불안스러움은 오죽했으랴. 아래로 남동생이 둘이 태어났지만 그들도 첫돌을 넘기고는 홍역을 앓다 죽었다.

어머니의 가슴속엔 강물처럼 슬픔이 출렁거렸다.

오랜 기억이지만 나는 어머니의 슬픔을 직접 보았다. 어느 날 학교에서 돌아온 한낮, 동생을 품에 안고 설움을 삼키다 나를 쳐다본 어머니는 목 놓아 울었다. 한낮이 되기 전에 동생이 숨을 거두었고, 대청마루에 앉은 아버지는 먼 바다 쪽을 넋 잃은 듯 바라보고 계셨다.

어머니는 슬픔을 이기지 못해 집안 사람들과 이웃 아낙들에게 부액扶腋을 받으며 유장지幼葬地로 떠나는 자식을 바라보며 목쉰 채 절규했다. 그 동생이 내 아래로 두 번째이던 병근炳根이고, 바로 아래로는 진근進根이었으니 자식을 연이어 잃은 어미의 애절한 심정은 오죽 아팠으랴.

그 후 몇 달이 지나고, 어머니는 내 손을 꼭 잡고 간벌산 자락 바닷가(沙賓)에 있는 공동묘지로 데려갔다. 살았으면 누나였을 딸과 아래로 남동생 둘, 셋이 잠든 그곳, 이뿐만이 아니고 네 살 되던 해 호열자병으로 죽은 사촌누이를 둔 작은 어머니의 무덤도 있었고, 윗각단 아랫각단의 아이와 어른들이 묻힌 안미포內尾浦 마을의 공동묘지였다.

비가 오거나 겨울 파도가 거세어도 적막함이 똬리 틀던 한적한 해변, 사시절 불어오는 해풍에 묘지 주변엔 키대로 자라지 못한 소나무들이 비스듬히 사간斜幹으로 누워 있고, 무수히 피어난 들꽃들로 슬슬함을 더해 주던 곳. 어머니는 오래도록 동생의 무덤 앞에서 말없이 앉아 있었다.

아득한 수평선에서 해변으로 불어오는 샛바람이 비녀 꽂은 어머니의 귀밑머리와 무명 치맛자락을 흔들어 댔다. 그 무렵 어디선가 바람결에 묻어오는 그윽한 꽃향기에 취해 주위를 두리번거리다가 눈길 머문 곳 산섶 아래 하얗게 지천으로 핀 찔레꽃 무리를 보았다.

자신도 모르게 이끌려 어머니의 손을 놓고 달려가다 그만 휜 솔뿌리에 걸려 넘어져 나뒹굴었다. 한동안 멍한 채 해매다 정신을 차려보니 들풀 위에 주저앉은 어머니는 나를 무릎 위에 뉘이고 혼비魂飛한 표정으로 쳐다보고 있었다.

길게 숨을 내쉬며 깨어나는 나를 본 어머니는 힘주어 내 얼굴을 가슴에 묻었다. 늘어진 옷섶 사이로 뺨에 닿은 따사로운 어머니의 젖가슴. 새삼 유년의 젖 냄새가 새록이는 것 같아 행복한 순간이었다.

"저기 핀 찔레꽃을 따려고 그랬지?"

귀에 녹을 듯한 혼잣말을 중얼거리며 살며시 나를 일으켜 앉히고 일어나 낡은 검정 고무신을 풀밭 위에 벗어 놓고 찔레꽃이 핀 언덕으로 다가갔다. 조심스럽게 꽃을 꺾던 어머니의 모습을 철없이 바라보던 나는 이제사 고결하고 지순한 모성애를 깨닫게 된다.

잠시 후 활짝 핀 찔레꽃을 한 다발 남짓 내 손에 쥐어주며 "가시가 있으니 조심해야 한다."고 타일렀다. 나는 그윽하게 풍겨오는 어머니의 분 냄새 같은 꽃향기를 맡으며 제일 꽃이 많이 핀 가지 하나를 골라 작은 어머니 묘지 앞에 꽂았다. 다음은 누나와 두 동생들의 돌더미 애장터에 차례로 꽃대 하나씩 놓았다.

그날, 해가 서녘에 뉘엿거릴 즈음 어머니는 내 손을 꼬옥 잡고 감불산 등성이를 올라 뒤돌아보고 또 보며 집으로 돌아왔다.

아득한 추억여행에서 돌아와 정신을 차려보니 인생이 참 허망하기만 하다. 그때 어머니의 나이보다 훨씬 더 들어버린 나는 지금에야 찔레꽃 꺾던 어머니의 그 모습이 히스꽃 무리 지어 핀 언덕길을 정신없이 내달리던 에밀리 브론테의 모습보다도 더 아름답다는 것을 깨닫는다.

고향 마을과 그곳 마을 공동묘지는 산업화의 물결에 떠밀려 자취없이 사라진 지 오래다. 이제 애틋한 사연을 느껴볼 공동묘지는 찾을 길 없어 인생의 허무를 더욱 절감한다.

내년 오월에는 바다가 내려다보이는 고향 언저리 산기슭, 찔레꽃 무리 지어 피는 언덕길을 찾아 진한 유년의 추억들을 새롭게 반추해 보며 어머니 분 냄새 같은 찔레꽃 향기를 다시 맡아보리라 다짐해 본다.

해질녘 돌아오는 길에 찔레꽃 한 줄기를 꺾어 이름 모를 묘지 앞에 놓고 천천히 발걸음을 옮겼다.

달빛 그림자

사방은 쥐 죽은 듯 고요하다. 동녘에서부터 밝아 올 아침은 아직 미동도 하지 않는 첫새벽이다. 하현달이 중천에서 먼 길을 떠나던 걸음을 멈춘 채 하얗게 웃고 있다.

언제부턴가 달빛을 잊고 살아온 도시 생활에서 오랜만에 잃었던 친구를 다시 만난 것처럼 반갑고 다정스럽다.

소년시절 고향 집 용마루 끝으로 기울어져 가던 달빛. 그 밤늦도록 놀다 돌아오면 친구같이 밤길을 비춰 주며 동행을 하다 끝내는 새벽녘 초가지붕 너머로 기울어 가던 모습이 불현듯 그리워진다.

지금도 광활한 하늘에 외롭게 길을 떠나는 나그네처럼 서천으로 기울어 가는 달빛을 바라보며 새벽 산책을 하려고 집을 나선다. 대문을 나와 언덕길을 내려서니 웬 동행자 하나가 휘적휘적 따라나선다. 실로 오랜만에 함께 걷는 달빛 그림자이다. 아직은 모든 생명체들이 깊은 수면 속에 빠져 고요롭기만 할 뿐, 멀고 가까운 곳에서 이따금 개 짖는 소리가 고요를 깨트린다.

귀법사歸法寺로 가는 길로 접어드니 달빛은 일시에 사라져 버리고 어둠이 강물처럼 출렁거린다. 백 년이 넘은 울창한 소나무들이 묘지 곁에 자라서 가지들이 서로 얽혀 하늘을 가려 버린 탓이다. 발길을 더듬거리며 한참을 내려서니 잠시 굴 속을 빠져나온 듯 다시 사방이 달빛으로 가득하다.

좁은 골짜기 산섶에는 산촌 사람들이 문전옥답을 일구어 형형한 눈빛과 다정한 웃음을 나누며 살고 있는 평화로운 모습이 달빛 속에 고요롭다.

대나무로 만든 울타리 너머로 인기척에 놀란 삽살이가 숨넘어가듯 짖어 대어서 새벽잠을 깬 노인의 헛기침 소리가 마당가를 맴돈다. 집 모퉁이를 돌아 논과 밭의 사잇길을 지나니 산으로 다시 오르는 가파른 길과 마주친다. 그 길로 들어서는 좁은 나무다리 아래로 졸졸거리며 흐르는 개울물 소리가 정답게 귀를 씻어 준다. 그토록 매섭게 몰아치던 융동隆冬의 한파 속에서도 얼지 않고 흐르는 물의 생명, 그것은 자연의 생명이며 섭리란 것을 깨닫는다.

산비탈길로 접어들어 여남은 걸음을 숨가쁘게 오르니 바로 눈앞에 스러져 가는 오막살이 집 한 채가 추위에 떨고 있다. 사람이 기거하는지 엷은 불빛이 판자문 사이로 비쳐 흐른다. 걷던 걸음을 멈추고 어지럽게 널린 마당의 사물들을 하나 둘 살펴본다. 모두가 고물상에 가져다 버릴 것 같은 낡은 농기구와 가재도구들이 달빛 아래 떨고 있다. 깨어진 항아리며 고장난 자전거와 바퀴가 빠져 나간 경운기며 리어카가 한동안 정신을 혼란케 한다.

'이런 곳에서 사람이 기거하다니?'

혼자 중얼거리며 다시 오르던 길을 급히 몇 발짝 더 떼어놓다 무엇에 끌린 듯 뒤돌아본다. 분명 하나의 작은 물체가 달빛 속에서 눈길을 끌었기 때문이다.

되돌아서 마당 어귀로 내려서서 천천히 내려다보니 항아리다. 주둥이가 깨어져 나간 항아리는 해녀의 태왁같이 둥글고 아름답다. 절박한 느낌을 주는 항아리 표면에는 하얗게 서리가 내려 얼어붙은 유연한 원형의 곡선을 달빛 속에 내보이며 조선 도공의 숨결이 가슴으로 느껴져 온다. 황토 묻은 바짓가랑이를 걷어 올린 도공의 애환과 한숨이 항아리 속에 잠들어 있는 것만 같고, 시뻘건 장작불이 타는 열기에 땀으로 범벅된 검붉은 얼굴이 어른거린다.

손가락 인지와 장지를 주둥이 안에 찔러 넣고 집어드니 꼼짝도 않는다. 항아리 아랫부분이 흙에 닿아 얼어붙어 꼼짝하지 않는다. 다시 한쪽으로 기울이며 잡아당기니 두텁게 흙을 물고 떨어진다.

밖의 인기척을 느꼈음인지 합판을 쪼개어 맞물려 닫은 문이 삐걱이며 열리더니 이상한 행동을 하고 있는 나를 쳐다본다. 얼핏 보기엔 고희를 훨씬 넘긴 초라한 모습은 인생의 희로애락을 다 겪은 듯 헝클어진 머리카락이며 덥수룩한 수염과 퀭한 눈은 섬뜩 나를 놀라게 한다.

그러나 노인은 아무런 말수가 없다. 순간 미안하고 계면쩍어서 슬그머니 도망치듯 산길을 오른다.

'벙어리일까? 아니면 눈이 멀어서 희미한 어둠 속에 사람을 알아보지 못했을까?'

내 나름으로 의구심을 가져본다. 아무래도 정상적인 사람 같지는 않을 듯싶어 다음 기회에 다시 들려보리란 생각을 정리하며 산등성이에 오르니 한풍이 메마른 나뭇가지를 올리며 얼굴을 할퀴고 지난다. 숨쉬기조차 힘겨운 모진 바람살이다. 사방이 탁 트인 밋밋한 등성이에는 여러 기基의 묘지만이 줄지어 있으니 바람이 막힘 없는 등성이를 사정없이 내려치는 곳이다.

어둠 속에 어슴푸레 비치는 묘비명은 김영金寧 김씨金氏 진사공파進仕公派 울산입향 16대조十六代祖라고 적혔다. 한 시절 권세와 영화를 누렸음 직한 묘지 앞의 육중한 비석들이 달빛 속에 장승처럼 버티고 있다.

북풍을 피해 귀법사로 접어든다. 안방에 들어온 듯 일시에 바람이 잠든다. 귀법사 법당에 새벽 예불을 보려고 불이 켜지는 시간 사방은 쥐 죽은 듯 고요한데 문득 일봉선사의 선시 한 편이 떠오른다.

人靜靑山靜 天寒白屋寒
這間雲水客 半日白淸閒

인적 없이 조용하니 청산도 고요하고
하늘이 차가우니 나의 초가도 차갑구나
여기 운수세계에 사는 객
반나절 동안(하룻밤 동안) 나 홀로 한가롭다.

저녁 5시에 해가 지고 아침 7시 30분에 해가 뜨는 기나긴 겨울밤은 많은 사연들을 어둠 속에 안은 채 화사한 새봄을 잉태하려는지 아직은 깊은 새벽잠에 빠져 여명을 깨닫지 못하고 있는 것 같다.

잠시 머뭇거리는 사이 대숲에서 산새의 퍼득이는 날갯짓이 시작되면서 서서히 여명이 다가선다. 귀법사 법당에 시방 불이 켜진다. 먼 곳으로부터 여명이 시작되고 서천으로 기운 하현달이 점점 밝음을 잃어 가고 있다.

이곳까지 줄기차게 떨어지지 않고 동행한 달빛 그림자는 서서히 물러나며 하현달과 더불어 먼 길을 떠나는 나그네처럼 자취를 감춘다.

구만계곡의 오찬午餐

산야山野를 곱게 물들이던 꽃들이 상향賞香을 뽐내더니 어느 사이 신록의 계절이 산촌 소녀의 고운 미소처럼 다가선다.

연연한 초록빛은 어쩌면 저리도 갓 시집온 새색시 옥색 저고리색같이 아름다울까? 사방을 돌아보아도 성장盛裝을 이루는 5월의 술렁임으로 산야는 온통 축제 분위기를 연출하는 것만 같다. 저마다의 맵시를 자랑하는 나무들과 풀잎들의 향기롭고 신선함에 감탄을 자아내며 구곡양장 같은 벽계碧溪를 따라 산섶을 걷는다.

쾌청한 날씨만큼이나 마음은 가볍고 상쾌하다. 자연이 연출하는 하모니에 매료되며 가파르고 비탈진 벼랑길을 즐거운 마음으로 걷는다. 힘겨운 몸은 거친 숨을 몰아쉬게 하지만 모두가 설레는 기분이다.

천길 아래로 단애를 이룬 절벽을 곤두박질치듯 흐르는 구만폭포는 하얀 물줄기를 끝없이 토해낸다. 보면 볼수록 옹졸한 가슴을 활짝 열어 놓는 것만 같아 더욱 후련함을 느낀다. 벼랑에 붙은 현애懸崖의 노송이 폭포를 닮아 뿌리 아래로 떨어진 가지가 너훌거리며 춤을 춘다. 세진世塵을 털어낸 비말 때문인지 잎새는 더욱 싱그럽다.

잠시 동안 발걸음을 멈추고 서서 유유한 그 모습에 감탄하며 단 며칠이라도 속세를 벗어나 자연 속에 안겨 오욕칠정을 씻으며 자적自適하고 싶어진다.

도란도란 정담을 나누며 삼사오 무리를 이루어 걷는 회원들의 모습이 살갑기만 하다. 산모퉁이로 사라지는 산행의 꼬리를 따라 후미진 산기슭을 바삐 따른다. 배낭을 멘 등에선 벌써부터 땀이 솟고 숨길이 가빠진다.

한 줄기 산바람이 시원스럽게 미간을 스치면 알 수 없는 꽃향기는 싸아하게 코끝을 자극한다. 그 꽃냄새를 찾아 주변을 유심히 살펴보니 온갖 야생화가 반가운 듯 고개를 살랑이고 우산나물, 취나물, 고사리, 비비추 등 산나물이 미각을 돋구듯 자태가 곱다.

앞서가던 일행이 정상을 얼마 남겨두고 제법 넓은 계곡에 갈증 난 목을 축이려고 자릴 잡는다. 준비해 온 오리불고기를 굽고 가오리회 무침과 온갖 푸성귀를 내어놓고 소주잔을 급히 권한다.

형님 먼저 아우 늦게 연거푸 잔이 오간다. 주거나 받거니 30분이 지나자 수북이 빈 병이 쌓이고 가져간 술이 동이 났다. 생각 못한 매동 회원이 흐르는 산수를 술에 타서 양을 늘인다. 얼취한 회원들은 '아 술맛 좋다' '어 취한다 취해…' 웃지 못할 해프닝이 연출된다.

이날 참석 회원 15명 모두가 음식 전문가가 되어 재미로운 닉네임 하나씩 붙였다.

1. 매동 : 소주에 개울물 타는 주정 제조가
2. 청호 : 가오리회 탁주에 빨아온 특미 전문가
3. 화봉 : 요령껏 술 잘 권하는 권주가
4. 성암 : 벽계수에 담근 찬소주 맛을 자랑하는 선호가
5. 인산 : 작일昨日의 석양주 취흥을 못 잊는 풍류가
6. 청보 : 가자미(납세미) 찌짐 맛을 자랑하는 애처가
7. 화산 : 노사모 울산지역 회장을 자처하는 수신가
8. 효신 : 즉석 오리구이 맛을 내는 일등 조리가
9. 운파 : 화원들의 김밥맛을 등급하는 미식가
10. 윤서 : 비장의 권달비 맛을 자랑하는 예찬가
11. 우풍 : 호연지기같이 매일 마시는 애주가
12. 욱담 : 맹물 소주를 만들어내는 일등공신 명문가
13. 광해 : 오리고기를 십시일반 공급하는 분배가
14. 유곡 : 참소주를 달라고 성토하는 독선가

15. 동촌 : 마른 멸치 술안주를 준비해온 별미가

회원들끼리 마주앉아 마시는 술은 청산유수보다 시원하다. 30분도 채 못되는 사이에 30여 병을 비웠다. 정말 놀라운 술 실력이다. 남울산 로타리인답게 주타리로 명성이 높다.

한낮이 기울 무렵 자리를 정리하고서 오전에 오른 길을 되돌아서 걷는다. 열다섯 사람 모두가 한 가족처럼 탄회坦懷한 이야기를 나누며 자연이 오히려 시샘하듯 허심虛心하게 웃는다. 하산길은 동자같이 가벼운 몸과 마음이다.

저녁땐 태암 회장과 직전 벽정 등산회장이 자리를 같이해서 오랜만에 대취하여 진정한 봉사인으로서 거듭 태어나자고 다짐한다.

눈 오는 날의 회상

윗 지방에 사는 북녘 사람은 겨울철마다 눈구경을 하지만 아랫 지방에 있는 남녘 사람들은 여간해서 눈구경을 못한다. 그래서 어쩌다 눈이라도 오는 날이면 아이 어른 할 것 없이 눈을 맞으며 거리를 걷거나 눈장난을 하려고 일부러 밖을 나오는 사람이 태반이다.

마루 밑에 추위에 쪼그리고 앉았던 강아지도 덩달아 마당가를 빙빙 돌며 꼬리를 흔들고 신이 나서 야단을 친다. 이렇게 눈을 반기는 남쪽지방에 비해 한겨울 동안 강원도 산간지방에 사는 사람들은 봄이 올 때까지 지겹게도 눈을 치우느라 진땀을 흘린다.

요즘같이 지난 시절은 연료걱정을 하지 않아도 무관했던 것은 아니었다.

겨울을 나기 위해 늦은 가을이면 땔감을 미리 준비하느라 몇 군데 솔가지를 쪄서 가리를 만들어 두었고, 행여 샘터가 막힐까봐 새벽같이 눈을 치워 길을 만들어야 하는 산골의 겨울은 지루하고 외롭다.

봄이 오기까지는 외지의 손님이 찾아오지도 않았고, 산골에 사는 사람이 밖을 나갈 수도 없는 적막한 겨울을 눈 속에 파묻혀 살아야 했다.

한 치의 눈만 쌓여도 개구쟁이들은 골목이 떠나갈 듯 아우성치며 친구를 불러내어 눈 싸움을 시작하는 동심을 쉽게 볼 수 있다. 어디 어른이라고 가만히 눈 오는 날 방 안에 앉아 백설부(白雪)나 읊고 있으란 법은 없다. 동심 못잖게 오랜만에 보는 눈을 반가워하며 맘속으로 적이 기쁨을 감추지 못한다.

눈 오는 밤은 온 세상이 은백색으로 뒤덮여 이화梨花에 월백月白한 밤보다 더 아득함을 느끼는 천지백天地白의 무아지경이다.

눈 오는 날은 공연히 사람의 마음을 들뜨게 하고, 온 세상의 추한 것, 좋은 것을 가리지 않고 온세계를 묻어 버린다. 올겨울은 유난히 포근하더니 어젯밤부터 함박눈을 펄펄 날렸다. 뒷날 아침 창을 여니 앞산 뫼 뿌리에 나뭇가지마다 눈송이를 이고 있다.

눈 오는 날은 기온이 포근해서 내리는 눈은 쌓이지 않고 쉬 녹아 버리기 때문에 혹독한 겨울 날씨가 아니면 적설 감상을 제대로 하지 못한다. 오늘 아침은 제법 내린 눈이 아스팔트에는 쌓이지 않았어도 기와지붕과 소나무 위에는 무덤 같은 눈덩이를 만들었고, 잎 진 활엽수 가지에는 스치는 바람살에 눈꽃을 피우고 있다. 마음 같아서는 친구를 불러서 등산복을 차려 입고 산을 오르고 싶은 심정이다. 정신없이 설경을 보는 동안 차츰 아침 햇살이 높아지면서 은빛 찬란한 눈꽃들은 현란하게 마음을 유혹하며 나를 아득히 먼 추억의 뒤안으로 몰아넣는다.

나는 군생활을 강원도 인제군 서화면 천도리에서 보냈다. 첩첩한 산골짜기의 겨울은 유난히 추웠고, 금강산으로 오르는 길목이기도 한 소양강 상류는 눈의 고장이었다.

1964년 그해 겨울은 지독히 추웠고 겨우내 내린 눈으로 도로가 막힐 만큼 눈이 쌓였다. 매일같이 제설작업을 위한 사역병에 차출되었고, 언 손과 발은 동상 초기였지만 누가 그런 나를 가련히 여겨서 사역에서 제외시켜 줄 고참병도 없었다. 추위를 참다 못해 언덕 밑에 몇이서 쪼그리고 앉아 모닥불을 피워놓고 잠시 언 몸을 녹이려면 어느 사이 달려온 고참병은 벼락 같은 소리를 지르며 당장 기합을 주었다.

"여기는 군대야, 전쟁에서 춥다고 해서 전쟁치지 않나? 불을 피우는 일은 죽음을 자초하는 짓이야. 이 병신들아! 정신 차려."

정말 눈물이 핑 돌던 졸병시절의 눈 내리던 산간지방에서의 추억이 새삼스럽게 떠오른다.

또 한 가지 잊지 못할 일은, 결혼을 승낙받기 위해 충북 영동군 양산면 가곡리의 천석꾼으로 살던 양반댁을 찾았을 때이다. 이씨 가문이던 그 댁은 절대로 연애결혼은 남녀 모두에게 허용하지 않던 고루한 사대부 집안이어서 나는 끝내 결혼을 승낙받지 못하고 무거운 발걸음을 돌아서던 그때 일이 새삼스럽다.

온 천지가 눈 속에 파묻혀 마치 천상을 걷는 착각을 하며 수십 리 눈길을 걸어서 양산읍까지 당도했었다. 귀와 손발은 얼고, 몸은 추위에 배고픔에 지쳐서 큰 곤혹을 치렀다. 한밤중에 울산에 도착한 나는 지친 피로감과 상심으로 근 열흘이나 자리에 누워 헛소리까지 하며 사경을 헤맸다.

그 외에 눈 오는 날은 짜릿한 추억들이 떠오르지만 어쩌면 눈 위에 지워져 가는 발자욱같이 이제는 흐릿하기만 하다.

나는 오전 9시가 지날 무렵 ㄷ회사에 근무하는 외우畏友 J형에게 주일날 등산을 한 번 가자고 했더니 벌써 소백산 2박 3일간 등산을 떠난다고 합류를 하잔다. 바쁜 몸이 그리 느긋하게 갈 수 없으니 단일 코스로 다음 기회에 떠나자고 약속한 뒤 C형에게 전화를 걸었다. 그도 문학을 하는 친구여서인지 제법 격앙된 목소리로 내일 당장 근교의 산이라도 오르자고 했다.

눈 오는 날은, 어른 아이 할 것 없이 모두가 하얗게 마음이 반짝이면서 동심같이 뛰놀고 싶은 마음인가 보다.

다섯번째 방

아호雅號의 참뜻

언젠가 돌아가신 김동리金東里 선생께서 울산에 오셨을 때 아호를 지어 주신 것이 동촌이다. 그 후로 서울 윤모촌 선생께서 지어주신 연포硯浦란 호도 있으나 여태껏 동촌으로 쓰고 있다.

아호는 문인, 학자, 화가 등이 먼저 지어 불렀는데, 그 시초의 연대는 확실치 않으나 중국은 당나라 때 한국은 고려 때부터 널리 쓰여졌다고 본다.

예부터 동양에서는 이름 부르기를 기피하여 자字나 호號를 지어 불렀다. 성인이 되는 의식으로 남자 20세에 관례冠禮를, 여자 15세에 계례笄禮를 치렀다. 성인이 됨으로써 상투를 틀고 관을 썼고, 여자는 쪽을 틀어 비녀를 꽂았다. 이때부터 다들 자를 받게 되었는데, 주로 남자가 많이 사용하였다. 그러나 본명과 함께 함부로 부를 수 없어서 호를 지어 자유롭게 부른 것이다. 사람의 성격, 특징, 관직, 기호嗜好 등을 사용하여 스승, 친구, 선배가 지어주었으며, 간혹 스스로 자호自號를 짓기도 했다.

이런 사정을 미루어 볼 때 본명은 신성하게 생각하여 임금, 부모, 스승〔父事〕만 부를 수 있었다. 이 때문에 자를 부르거나 호를 불렀는데 가장 쉽게 부른 것이 호였음을 알 수 있다.

중국 당나라 때 시인이던 이백은 태백太白이란 자 이외에 청련清漣이란 호도 있다. 또한 초야에 묻혀 살고자 하여 고려 말의 목은, 포은, 도은 같은 은隱자를 많이 넣었다. 이보다 더욱 애용한 것은 예나 지금이나 지명地名을 넣은 호인데 황해도 연암협軟巖峽에 은거한 박지원은 스스로 연암이라 했고, 허균의 교산蛟山도 강릉의 산 이름에서 연유한 것이다. 우리나라 천 원짜리 화폐의 주인공 이황도 그의 머물던 곳에서 멀지 않은 토계兎溪를 퇴계退溪라 고쳐서 호로 사용하였다.

한편으로 특이한 호도 전해오는데, '이이而已', '공공자空空子'란 호는 조선 말기 장혼張混이 중인 신분이면서 아무것도 할 수 없는 자신의 궁핍한 처지를 한탄하여 비애를 함축한 호이다. 최북의 호도 이와 비슷하여 '칠칠七七'이라 했는데, 비슷한 시대의 화가였다. 겨우 그림이나 몇 장 그려 양반들에게 구걸하다시피 하던 자신의 처지를 이름인 북北자를 파자하여 비하해 칠칠이라 불렀다. 이같이 호는 남

다른 의미와 해학이 깃들어 있다.

내가 어릴 때만 해도 마을에서는 택호宅號, 별호別號, 아명兒名이 따로 있어서 그 이름을 불렀다. 어른들은 이름을 사용해 택호를 지어 불렀다. 가령 김동산金東山이면 '동산댁', 강평촌姜平村이면 '평촌댁'이라 불렀고, 별호는 그 사람의 특징이나 특성을 들어서 이야기할 때 황당무계한 거짓말을 꾸며 대면 '풍쟁이', 말을 더듬으면 '더딤이' 소아마비로 다리를 절면 '콩밭골네' 등으로 불렀다. 아명은 대부분 장수무병하라는 뜻으로 아무렇게나 부르는 '개똥이', '돌뿌리〔石根〕(나의 어릴 때 이름)', 딸만 내리 낳아서 이제 끝이라는 '말자(끝자)', 순하게 커라는 '순득이' 등의 택호, 별호, 아명을 불렀다

이 가운데서도 특히 택호는 처가 곳의 지명이나 벼슬 명칭을 따라 부르는 일종의 가명家名이기도 하다. 남자가 장가들어 처가살이를 하는 것을 여귀남가女歸男家라 했는데, 오랫동안 처가살이를 하게 되면 얻는 별칭이기도 하다. 택호는 혼인하기 이전에 살던 자연촌락 이름을 가장 두드러지게 사용하였으며 지금도 오래된 농어촌에서는 많이 쓰고 있다.

이처럼 아호는 본인에게는 물론 여러 사람들과 인연을 맺음에도 필연적으로 중요한 것이 아닌가 싶다. 내 아호 동촌도 여럿이 쓰고 있음을 뒤늦게 알았다.

언젠가 수필집을 붙여 보낸 김용구金容九 선생의 아호가 동촌이었고 마산로타리클럽 회장이 동촌이었다. 그러나 어떠랴! 어렵게 발걸

음하셔서 지어준 동리 선생의 고마운 마음 새겨 오래도록 간직하며 아호의 참뜻을 새기려 한다.

지난해 그림 애호가들이 모인 자리에서 우연스럽게 미우회원인 박유지 사장이 아호를 하나 지었으면 하고 운을 뗐다. 아호란 그 사람과의 교분이 돈독하지 않으면 짓기가 쉽지 않다.

간곡한 부탁이 있어서 안태고향을 물으니 울주군 청량면 삼정三井이란다. 순간 머리에 스치는 고사가 있어 삼정三井을 파자하여 삼정三亭이 어떠한가 하고 화두를 던졌다.

중국 고사에 죽마고우 셋이 제각기 출세하여 어느 날 3정3로三亭三路에서 흐르는 개울물에 빨래하는 여인이 있으면 그곳에서 만나자고 했다. 그 빨래하는 여인은 악동시절부터 함께 자란 소꿉동무로 남자 셋 가운데 가장 출세한 자가 고향을 찾을 때 만나기로 한 여자 친구였다.

결혼도 하지 않고 늙은 부모를 봉양하며 이들 셋 중 누군가 한 사람 찾아오리라 학수고대하며 이 빨래터에서 빨래하는 척 오가는 사람을 쳐다보며 동무를 기다렸다는 감동적인 고사가 전해온다.

비록 삼정이란 아호를 얻은 삼정은 그런 기다림에 얽힌 아름답고 낭만적인 사연이 없다 해도, 각박한 현실 속에 고사 속의 훈훈한 서정적 미담이 있어 오늘 이 자리 여러 형과 아우들 앞에서 아호를 계축하여 앞으로도 많이 아껴 불러주시길 청하는 바이다.

자매姉妹마을 오수獒樹

국제 봉사단체인 ROTARY클럽은 각 지구마다 봉사사업을 추진하고 있다. 봉사의 꽃이랄 수 있는 사회봉사사업 이외에도 청소년 교류사업이 큰 비중을 차지한다. 이런 청소년들의 교류를 위해 각 지구의 클럽에서는 나름으로 국내외를 가리지 않고 자매클럽을 맺으려고 노력해왔다.

지난 98년 5월 일본 후쿠오카의 한 클럽과 자매를 맺으려고 그곳까지 찾아갔으나 맺어지지 못했다. 원인은 우리 클럽 내에 일본어를 하는 회원이 극소수밖에 없다는 이유였다. 콧대 높은 그들과 설령 자매결연을 맺었다 해도 옳은 우애를 나눌 수 없었을 것이다. 그 후 우여곡절 끝에 99년 필리핀 한 클럽과 자매를 맺었으나 3년 정도 지속하다 절연되었다. 그 뒤 2000년 국내 클럽과 자매를 맺는 것이 좋겠다는 의견에 힘을 얻으면서 호남에 있는 소도시의 한 클럽과 자매를 맺고 올해까지 6년을 지속해 오고 있다.

오수면은 인구 6만밖에 되지 않는 작은 고장이다. 이 오수에는 머리 좋은 사람들이 많아 박사를 50여 명이나 배출한 마을이다. 이뿐만이 아니라 오수란 이름도 개 오獒자를 쓰는 것을 보면 기필코 개와 얽힌 이야기가 있을 법하다.

임실군 오수면은 면으로는 오래되지 않은 고장인데 민속자료 제 1호인 의견비義犬碑와 오수리에 석불이 있고, 둔덕리에는 제2호인 이웅재 고가古家가 있다. 또한 대명리에는 해월암과 중요무형문화재 백동연죽장의 기능보유자인 추옥판秋玉判이 있다.

오수면이 둔남면屯南面에 속해 있을 때부터 면소재지가 오수리였다. 이 고장에 천년 전부터 전해오는 사람과 개의 아름다운 미담이 있는데, 그것을 증명하는 것이 의견비義犬碑이다. 전라북도 민속자료 제1호로 지정된 의견비는 주인을 구하고 죽은 개의 미담을 새겨놓고 있다. 그래서 임실문화원에서는 향토문화행사로 의견제義犬祭, 소충제昭忠祭, 사선문화제전四仙文化祭典을 해마다 열고 있다.

옛날 김개인金蓋仁이란 이 고을 사람이 옆 마을 친구네 집에서 술을 마시고 돌아오다가 술이 취해 그만 길섶의 잔디밭에 쓰러져 잠이 들었다. 지나던 사람이 던진 담뱃불 때문인지 잔디에 불이 붙어 주인

쪽으로 번져왔다. 곁을 지키던 개가 물이 있는 곳으로 달려가서 몸과 꼬리를 적셔 불이 옮아오지 못하게 젖은 몸의 물기를 털었다. 개는 수차례 몸을 적셔 와서 불길을 막았고, 개는 끝내 지쳐 죽고 말았다. 잠에서 깬 주인이 이 사실을 알게 되자 안타까워하는 마음으로 정성스럽게 개를 묻어주고 그 자리를 잊지 않기 위해 지팡이를 꽂아 두었다. 후일 이 지팡이에서 싹이 터 큰 느티나무로 자랐다. 마을 사람들은 이후부터 이곳 지명을 개 오獒자를 써서 오수獒樹라고 했다.

이 이야기는 고려시대 최자催滋가 지은 《보한집補閑集》에 나오는 이야기이다. 이런 미담이 있는 의견 고을인데도 건강탕 전문식당은 인기가 매우 높다. 언젠가 자매클럽의 신구회장 이취임식에 갔더니 이곳으로 안내하여 오랜만에 맛있는 구육狗肉과 탕 맛에 포식하여 지금도 감칠만 나던 그 맛을 잊지 못한다.

사실 개는 먹을 수 있는 식용 외에도 애완용, 사냥용, 경비용 등으로 구분하지만 구狗는 먹을 수 있는 고기로 개를 지칭한 것이다.

보신탕補身湯 이전의 말은 구탕狗湯이라 했고, 북한에서는 단고기라 한다. 중국 연변에서는 '구육狗肉' 이란 간판이 개고기집이다.

개를 뜻하는 한자어는 네 가지인데, 개 견犬, 개 오獒, 개 구狗, 개 술戌 등으로 쓴다. 개 견은 갑골문자甲骨文字에서 느껴지듯 생긴 모습을 보고 만든 것이다.

지난번에 워싱턴에서 주인을 구한 개(밸)가 '사마리안' 상을 받았다는 외신보도가 있었는데, 큰 인기를 끌었다. 의견과 다를 바 없는 충견이었다. 평소 당뇨병을 심하게 앓던 주인(케빈 워너, 34)은 갑자기 쓰러져 의식을 잃었다. 이 광경을 옆에서 보고 있던 개가 휴대전화의 911번을 눌러서 달려온 구급대에 의해 생명을 구할 수 있었다.

머잖아서 충견의 고장 오수에는 세계 제일가는 개박물관을 만들려고 준비 중이라니 기대가 앞선다. 각국의 특산종인 호신용 개와 애완견, 식용견을 막론하고 수입해 그 종류도 다양하게 선보인다니 오수면을 관광하려는 사람들이 넘쳐날 것으로 예측된다.

사랑의 집 짓기

'생야일편부운기生也一片浮雲起 사야일편부운멸死也一片浮雲滅' 즉, '삶이란 한 조각 뜬구름 일어나는 것과 같고, 죽음이란 한 조각 뜬구름 흩어지는 것과 같다'는 인생무상을 노래한 서산대사의 칠언절명시가 있다. 그렇다. 인생이란 뜬구름같이 일어났다 흩어지는 허무한 것이다. 그래서 선인들은 일찍부터 인생은 무상이라 하지 않았던가?

그러나 모이고 흩어지는 단순한 구름의 이치이고 형태라면 인생이 그 얼마나 편리하고 단순하랴만, 한 생애란 그렇게 시공을 초월한 우주공간에서 일어나는 순간의 자연현상과는 큰 차이가 있는 것이다.

사람이 세상에 태어나면 유아시절부터 소년시절까지는 부모형제의 따뜻한 보살핌과 사랑을 받고, 청장년이 되면 스스로 활동하며 사회의 한 구성원이 된다. 왕성한 장년시절이 지나고 노년으로 접어들면 사회활동과 모든 신체의 기능이 떨어지면서 점점 흩어지는 구름처럼 쇠퇴해 간다. 끝내는 행동이 둔화되고 모든 사회활동과 기능이 마비되기 마련이다. 가족관계가 돈독하거나 스스로의 입지가 확고한 사람은 노후를 보냄이 수월하지만 가족형성이 불투명하거나 사고무친할 경우 노후의 외로움과 경제적인 핍박은 생활의 고통만 가중시키게 된다.

인간이 기본적인 삶을 영위하는데는 세 가지의 필수조건이 선행되어야 한다. 그 첫째가 입는 것(衣), 둘째가 먹는 것(食), 셋째가 기거하는 것(住)이다. 더위와 추위를 막아야 하고, 배고픔을 채워야 하고, 잠자리를 만들 수 있는 집이 필요하다. 이 기본적인 세 가지 요소가 해결되고 나서 삶의 다음 단계를 생각할 수 있으며, 행복이란 것을 추구해 나갈 수 있다.

이 세상 만물이 다 그렇듯 늙으면 쇠약해지고, 활동이 저조되면서 병들기 마련이다. 병마에 시달리다 보면 거동이 불편해지고, 그럴수록 일상생활이 간편하고 행동반경이 좁아야 한다. 기본생활에서 입고, 먹고, 잠자리가 편리해야 함이 무엇보다 최선책이다. 이런 것들을 최우선적으로 선행하기 위해 국제 로타리 클럽 3720지구 남울산클럽에서는 올해로 병들고 가난하고 불우한 사람들을 추천받아 '사랑의 집 짓기' 운동을 3년째 펼쳐오고 있다.

지난 2005년 제1호 집은 울산시 중구 동동 195-1번지의 독거노인 양원추(83세) 할머님 댁이었다. 비만 오면 천장에서 빗물이 떨어져 빗물을 받느라 밤잠을 설칠 때가 많았고 장마 때는 매일같이 반복했던 일상이었다. 보다 못한 동장이 구청에 주택보수를 의뢰했으나 예산 부족으로 손을 쓰지 못함을 안타깝게 여겼다. 급기야 해당 구청의 추천을 받아 2005년 12월 쓰러지기 직전의 초라한 기와집을 헐고 사랑의 집 짓기 제1호를 지어 할머니에게 열쇠를 손에 꼭 쥐어 주었다. 고마움에 눈시울 적시던 모습이 뇌리에서 지워지지 않는다.

지난해는 중구 반구동 585-12번지에 혼자 사는 홍복득(86세) 할머니에게 사랑의 집 2호를 지어 기증했다. 이 집 건축에는 반구동 원주민(봇도랑회)들의 성금 500만 원을 합쳐 슬레이트 지붕을 덮었다.

청보(2005) 청호(2006) 회장의 뒤를 이어 대정(2007) 회장은 지난해 12월 17일 울주군 언양읍 태기리 630-1번지에 혼자 사는 김규봉(74세) 할머니에게 제3호를 지어 드렸다.

노인들이 하나같이 불편해 하는 재래식 화장실 사용, 주방기구 불편, 손빨래의 어려움을 새 집을 지으면서 모두 현대식으로 개선해 편리하게 만들었다.

그동안 건축비 전액은 순수 남울산로타리클럽에서 추렴한 봉사금이었기에 더욱 뜻있는 사업이 아닐 수 없었다.

올해는 사랑의 집 짓기 제4호를 지어 드리려고 벌써부터 대상자신청을 받고 있다. 그러나 연중 한 채밖에는 지을 수 없는 예산이어서 안타까운 마음이다.

아무리 많이 가진 자라 해도 가난하고 불우한 사람을 위해 따뜻한 온정을 베풀지 않을 땐 부의 가치가 무슨 소용이 있겠는가? 남을 위해 봉사하는 마음을 가진 자만이 할 수 있는 일도 결코 아니며, 실제 어렵고 힘든 일을 하면서도 병든 사람을 돕고 어려운 이웃을 보살피는 것을 보면 빈부를 떠난 마음 베풂에 있는 것이다.

함께 살아가는 세상, 세계의 인류는 아름답게 살아갈 권리와 행복해야 할 의무가 있다. 올바른 권리와 의무감을 찾았을 때 인류는 평등하고 이 세상은 평화로움으로 축복받는 인간사회가 형성될 것이다.

진정 삶의 가치는 평등과 봉사에 있는 것이며, 우리 모두는 사랑의 집 짓기 운동에 동참하여 서로 서로 돕고 사는 아름다운 세상을 만들자.

호국의 사찰 신흥사

지난해 늦은 가을 기령旗嶺의 남동 기슭에 자리 잡고 있는 신흥사에 들렀다. 울산향토사연구회에서 기박산성旗朴山城을 답사한 뒤 신흥사를 돌아볼 참으로 찾아온 걸음이다.

신흥사는 행정구역상으로 북구 어전리於田里에 속해 있으므로 십수 년 전부터 여러 차례 들른 곳인데 이번 방문에서처럼 단정하게 단장된 모습은 처음 보았다.

십년 전부터 이곳에 온 지은 스님은 불사 중창을 위해 헌신적으로 힘을 쏟아서 몇해 전부터 각 건물들을 증개축하여 오늘에 이르렀다. 현재의 모습은 불교 정통 사찰 어디에 내어 놓아도 부끄럽지 않을 만큼 잘 다듬어진 도량으로 손색이 없다.

특히 신흥사 경내의 각 건물들을 새롭게 배치하고 중창하여 호국 사찰의 면모를 되찾게 되었다.

사찰 입구에 들어서는 신성루新星樓가 1층 건물이던 것을 2층으로 증축하였으며, 자그마하게 지어졌던 대웅전을 헐지 않고 통째로 옮겨서 현재 대웅전 바로 곁에 옮겨 놓고 나한전羅韓殿으로 쓰고 있다. 그 아래편 좌우로 적묵당寂默當과 청풍당靑風當이 말끔히 단장되어 있다. 청풍당 뒤편으로 옛 건물을 그냥 그대로 손질을 하여 간향각看香閣으로 사용하고 있으며 억새로 이은 볏집의 요사채는 옛 정취를 물씬 풍기게 하는 명당 자리이다.

지은 스님이 각고의 노력과 혼신을 다해 호국사찰의 맥을 이으려고 특수 목재를 수입하여 건축한 대웅전의 후불탱화는 벽화가 아닌 목재로 조각된 작품이어서 더욱 눈길을 끈다. 3년 동안 건조한 뒤틀림 없는 목재로 1년 반 동안 조각하여 개금작업(금박 입히기)에만 우리나라 문화재 1급 기능공 일곱 명이 3개월간 땀 흘려 일구어낸 작품이다. 부처님의 열 제자와 여덟 보살이 새겨진 조각은 보는 이로 하여금 감탄을 자아낼 만큼 아름답다.

태백준령이 남으로 뻗어내려 동대산 줄기에 이르면 두 줄기 산맥으로 나누어진다. 한쪽은 치술령이고 한쪽은 신흥사가 있는 이 동대산맥이다. 신흥사는 동남으로 뻗은 동대산의 기령旗嶺 남쪽 자락에 다소곳이 안겨 마치 꽃술같이 안온하다.

신라 27대 선덕여왕 4년(635)에 명랑법사明朗法師가 창건하였으며 당시부터 호국사찰로 운명을 같이한다.

이 신흥사에는 전설과 비사가 많으나 신라 문무왕 16년(678) 변방의 만리성을 쌓는 동안 신흥사에 1백여 명이 숙영하여 성을 쌓았다는 기록을 보면 기박산성과 신흥사는 무관하지 않다.

또한 고려를 거쳐 조선 선조 25년 이경련의 임란사를 참고하면 신흥사의 지운 스님이 수백의 승병과 의병을 앞세워 병영성을 공략하여 성에 불을 지르고 돌아왔으며 이 싸움은 울산 근교의 전투에서 승병이 참전한 유일한 기록이다.

또한 지운 스님은 사찰의 양식 300섬을 기박산성에 주둔하고 있는 병사들에게 예를 갖추고 한달간의 양식을 지원하기도 했다. 그러나 애석하게도 왜병들은 산속 깊숙이 숨어 있는 이 신흥사를 찾아내어 사찰 전부가 방화로 소실되어 버렸다.

전쟁이 끝난 훨씬 뒤 경상도 좌병사를 지내던 이급이 우연히 《삼국유사》를 훑어보다가 깜짝 놀랐다. 국난을 당할 때마다 신흥사 승병들이 분연히 일어나 호국을 위한 창칼을 들고 전쟁에 참여하였음을 알고 다음날 신흥사 뒷산인 함월산에 올라 절터를 짐작한 후 병영의 재산을 들여 절을 짓게 했고, 이 당시 인감과 혜종이 동참하였다.

또한 법당을 세우는 일은 축언이 맡았고 종루와 요사채는 축화가 맡아서 세웠는데 불행하게도 숙종 12년에 화재로 일부 소실되어 다시 중수를 하였다. 이 당시 청풍당, 극락전, 남상실, 향로전을 세워서 독경시간을 알렸다고 한다.

그 뒤로 영조 28년(1752)에 와서 통도사의 서봉화상이 중창을 하였는데 이때에는 다섯 암자를 거느리고 있었다. 염불암, 낙서암, 청련암, 백운암, 내원암이다. 지금은 다섯 암자 중 기령 쪽에서 들어가는 비탈길 곁에 낙서암과 염불암만 남아서 지난날의 영고성쇠를 반추해 주고 있다.

한때는 이 절을 다스리는 사람이 없어 잡초 속에 폐허로 묻힌 것을 다시 발굴하여 오늘에 이른다. 이 신흥사가 폐허로 변했던 그만한 사연과 비사가 창건 당시부터 전해 오고 있었다.

창건 당시 명랑법사가 꿈속에 선몽한 명당(현재의 자리)에 절을 지어 대들보를 올리려니 그만한 목재를 구할 수가 없어 고심하던 중 어느 날 바닷가의 한 어부가 찾아와서 바다에 이상한 나무가 떠다닌다고 하여 찾아가보니 정말 큰 나무였다. 승려와 마을 사람을 동원해 뭍으로 옮겨 다듬어니 나무 속에 '건흥사建興寺 대들보'란 글씨가 적혀 있어 절의 이름을 건흥사라 불렀다.

이렇게 불리어오던 건흥사는 언제부터 신흥사로 바뀐지는 알 수 없으며 조선시대 후기로 접어들어 절은 번창하였고, 많은 신도들이 찾아들었다. 그런데 이 신흥사에 애환이 생겼다. 호사다마好事多魔라 했던가. 절을 찾아오던 신도 한 사람이 어느 날 새벽 호랑이에 물려간 일이 생겼다. 이에 놀란 사찰과 신도들은 대책을 협의하고 백방으로 묘책을 찾았으나 별다른 방책이 없었다.

제2, 제3의 신도가 호식虎食의 표적이 될 수 있으므로 모든 신도들은 공포에 떨었다. 며칠이 지나자 궁리 끝에 유명한 지관地官을 불러서 사연을 얘기하고 그에 대한 대비책을 세워 달라고 했다. 뒷산으로 올라간 지관이 지세를 살펴보니 이 절이 호랑이가 앉아 있는 형상이라서 이런 일이 생겨났다고 큰 걱정을 했다. 지관은 자신이 알려주는 데로 하면 호식은 면할 수 있겠으나 만일 그렇게 될 경우 절이 망할 것이라고 했다. 신도들은 우선 절이 망하는 것보다는 호식이 되지 않는 것이 급선무여서 지관의 말에 따랐다.

호식을 막는 묘책은 강동 바다 쪽으로 어전於田 마을이 있고 이 어전마을로 통하는 산모퉁이가 마치 호랑이가 입을 딱 벌린 형상이니 이 벌어진 호구虎口를 흙과 돌을 채워 막아야만 화를 피할 수 있다고 했다. 이 말을 실천한 신도들은 화는 면했지만 급기야 신도가 찾아오지 않는 절간은 황량한 바람 소리만 거칠 뿐, 마지막 절을 지키던 승려도 떠나고 돌보지 않은 신흥사는 폐허 속에 잠들어 버렸다.

이런 비사를 뒷받침이라도 하는 듯 지금도 대안리 어전마을 입구에 가면 토성을 쌓은 흔적이 남아 있으니 전설이 전설로만 전해지는 것은 아닐 성싶다.

한때는 호국의 사찰로, 또 어떤 때는 잡초 속에 묻혀 지낸 신흥사는 이제 지은 스님의 끈질긴 노력으로 대가람으로 다시 태어나고 있다.

지난날 함월산 정상에서 흐르는 물줄기를 막아 물레방앗간 3곳을 만들어서 승병들의 양식을 장만하던 골짜기에 흐르는 물소리는 예나 지금이나 변함이 없다.

절을 찾은 우리 일행에게 지은 스님이 이번에 절을 증개축하면서 찾아낸 대들보 상량문을 내보인다. 이 상량문에는 놀랄 만한 기록이 명시되어 있는데 호국사찰을 건립하는데 좋은 목재를 골라 쓰기 위해 원거리를 마다하지 않았음을 엿볼 수 있다.

임진왜란 때 소실된 절을 다시 짓기 위해 건융 14년 3월에 온양면 망양리(진하) 안봉산에서 목재를 골라 베어서 바다로 끌고 와서 신흥사까지 운반해 절을 지었다. 정말 놀라운 일이다. 여느 사찰 건립과는 또다른 면모를 엿볼 수 있었다.

신성루 아래 좁은 터 채마밭에 천년 고목으로 남은 회나무 한 그루는 이미 주간은 다 썩어 주저앉은 채 곁가지만 돋아 있다. 어른 몸통만큼이나 굵은 회나무는 가을 햇살에 지다 만 금빛 나뭇잎을 반짝였다.

말없이 지나온 희로애락의 세월을 다스리며, 신성한 호국의 정신을 담고 면면히 이어온 역사를 말해 주는 듯 등걸은 다 썩어 나무 둘레의 큰 언저리와 연륜만 표연히 남았다.

천년 사찰의 지나간 역사를 뇌리 속에 그려보며 200여 년 전 신흥사에 남겨진 미산眉山(손진사)의 한시 두어 편을 읊으면서 신라 때 연꽃무늬를 새겨놓은 대웅전 앞의 장대석을 밟으며 뜰을 나선다.

碧蘚田田雨點消　招提境上共消遙
解牛恐妨慈生佛　筧路應治學士橋
木末煥嵐當酒滴　日邊滄海隔窓搖
歸來莫說情神費　敢羨風流夜繼朝

북소리 울리니 이끼에 맺힌 빗방울 떨어지고
신흥사 경내에서 우리 함께 노니네
해탈에 이르면 부처님 자비 어지럽힐까 두려워
사잇길 찾아와서 학사교를 놓아야겠네
나무 끝에 맺힌 안개는 방울방울 술이 되고
해 지는 바다는 창 너머 아득하네
여기 오면 마음만 허비한다 말씀 마시고
풍류 즐기며 밤새껏 놀아보세

不見孤庵二十年　遙聞此會獨無眼
萬國兵愁生眼辰　一春豪氣屬樽邊
通筧泉聲新度雨　運天水色遠交烟
相逢盛說三宵事　半是詩人半是仙

외로운 임자를 20년이나 못 보았더니
만나는 소식 듣고 홀로 잠 못 이루었네
만국의 군사 수심 눈 아래 펼쳐져도
한바탕 봄기운을 술독과 함께하네

홈통 샘물소리에 봄비 소리 더하고
하늘 닿은 물빛은 안개와 뒤섞이네
만나서 나누는 이야기 사흘을 계속해
반은 시인일세 또 반은 신선일세

청주한씨淸州韓氏는 귀화성씨歸化姓氏

청주가 본관인 나는 오래 전 귀화한 기자의 후예인 한란韓蘭의 자손이다. 기자는 중국 은나라 마지막 왕이던 주왕紂王의 왕족이다.

주왕은 은나라 말기 사악하고 음란하여 백성들의 원성이 높았고 끝내는 백성을 돌보지 않아서 멸망하게 된다. 주색에 빠진 주왕을 가리켜 고사성어가 생겨났는데, 그것이 주지육림酒池肉林이다. 이런 내용은 은나라 사기에 기록된 것인데, 은나라 주왕과 하나라 걸왕이 주색과 탐욕에 빠진 포악함을 지적한 말이다.

"은나라 주왕이 술로 못을 삼고 고기를 걸어서 숲을 이루게 하여 젊은 남녀가 옷을 벗고 장난치게 하니 백성들의 원성이 높았다"고 기록하고 있다. 주왕에게는 많은 현인들과 충신들이 있었는데, 기자는 주왕의 지나치게 음탕함과 학정을 지적하며 시정할 것을 충언하였으나 받아들이지 않았다. 곁에 있던 신하가 목숨을 부지하려면 떠나야 한다고 귀띔했다.

그러나 기자는 신하 된 도리로 군주가 충언을 듣지 않았다고 떠나는 것은 오히려 악행을 부추기는 것이라며 스스로 머리를 풀어 미친 척 행세하고 천민이 되었다. 그 후 기자의 뒤를 이어 세 현인 중 한 사람인 비간이 기자가 천민이 된 것을 나무라며, 주왕의 잘못을 계속 간언하다가 끝내 죽임을 당했다. 주왕이 현인에게 "성인은 심장에 구멍이 일곱 개 있다니 한 번 확인해보자"고 하며 심장을 도려내어 죽였다.

포악한 주왕은 주나라 무왕이 이끄는 무리들에 의해 멸망하자 기자는 조선으로 망명을 하게 된다. 뒷날 기자가 은나라의 도읍지 옛터를 지나면서 폐허에 자란 보리를 바라보면서 한탄하며 노래를 불렀다. 그곳의 백성들이 이 노래를 듣고 모두 눈물을 흘렸다고 한다.

이것이 고사성어로 남아 "맥수지탄麥秀之嘆"의 유래가 되었다. 은나라가 멸망한 것은 기원전 11세기며, 이 시기에 기자가 조선에 들어온 것으로 추정한다고 역사학자 윤명철은 밝히고 있다. 이 연대를 쉽게 계산해 보면 3천 년도 넘는 오랜 옛날 청동기 시대에 한반도로 귀화한 것이다.

청주 한씨가 기자를 한씨 성의 근본으로 보는 것은 다음과 같은 이유에서다. 《청주 한씨 세보》에 기자조선 마지막 왕인 준왕準王의 후대에 우성友誠, 우평友平, 우량友諒의 삼형제가 있어 기씨奇氏, 선우씨鮮于氏, 한씨韓氏가 되었다. 이에 청주 한씨의 시조 한란韓蘭은 기자의 후예인 우량友諒의 후세 자손이 된다. 한란은 고려 왕건〔재위 11년(928)〕을 도와 후백제 견훤을 정벌하려고 남행할 때 방정리方井里에서 왕건을 환영하였다. 10만 군사에게 하루 동안 휴식할 때 술과 음식을 제공하였으며 후삼국 통일에 큰 공헌을 했던 사람이다.

왕건은 재위 13년 12월 겨울 신흥사를 보수하고 공신당功臣當을 창건하여 3한 공신을 동서 벽에 29명을 그렸다. 이 가운데 한란이 있고 이를 청주 한씨의 시조로 모셔오고 있다. 한란의 후손은 지금 70만 명에 이르며, 모두가 기자의 후예인 셈이다.

따라서 기씨, 선우씨의 세보가 기자의 후예이니 실제 우리나라에서 가장 오래된 귀화성씨라고 말할 수 있다. 중국은 후한시대 이후 위촉오의 삼국시대에도 전쟁이 많았는데, 난민들은 남북으로 달아났다. 위진남북조 시대와 서진 말리부터 동진시대에도 많은 유민이 생겨 남쪽으로 이동했다. 남하한 한족 가운데 일부는 배를 타고 해안을 따라 한반도로 들어왔다. 이들뿐만 아니라 우리 민족은 열 명 가운데 세 명이 다른 나라에서 이주해 온 이방인이다.

중국, 일본을 비롯해 네덜란드, 인도, 유구, 베트남, 몽골, 여진, 위구르, 거란, 흉노, 발해 등의 유민들이 과거 한반도에 들어왔다고 귀화성씨에서 박기현은 명확하게 밝히고 있다. 이들은 저마다 깊은 가정이 있었겠으나 새로운 성을 하사받아 수천 년 혹은 수백 수십 년에 이른다.

이들은 살기 좋은 큰 그릇 속에 서로가 융화하며 일체감을 이뤄낸 자랑스런 민족공동체라는 결론을 얻었다. 그리고 이 결론은 우리는 단일 민족이란 허구보다 훨씬 가슴에 와닿는 말이 된다. 이들 가운데 대표적인 성씨 몇 사람만 들어보면 베트남의 왕족 화산 이씨 이용상을 비롯해 흉노 왕자 경주 김씨 김일제, 원나라 공주를 따라온 위그르족 덕수 장씨 장순룡, 이성계의 오른팔 역할을 했던 여진족 장수 청해 이씨 이지관, 조선의 문물을 사랑한 사가야(22세)는 임진왜란이 일어나자 전쟁에 참여해 가토 기요마사 제1진의 좌선봉장이 되었다.

부산에 상륙한 며칠 뒤 4월 20일 경상도 병마절도사 박진에게 편지를 띄워 귀순했다. 그는 7년 전쟁 중 조총 제조법과 철포를 비롯한 총포 기술의 많은 정보를 제공했다. 7년 전쟁이 끝난 30세 때 진주목사 장춘점의 딸과 혼인하여 진주 외곽 한 골짜기에 터를 잡고 집을 지었다. 이곳이 우록동인데 그는 사성 김해 김씨 김충선이다. 그후 잦은 오랑캐의 침입 때마다 국방에 헌신했다. 조정은 그에게 정헌대부(승정원 일기 : 인조 6년 4월 23일)로 임명했다. 이뿐만 아니라 네덜란드인 얀 크리스젬만은 남원에서 박씨로 살았고, 명나라 장수 가유약도 소주 가씨인데 그 후손이 태안, 남원, 서산 일대에 많이 살며 9천 명이 넘게 남한에 살고 있다.

이렇듯 한반도에는 예부터 귀화성씨가 많이 살고 있다. 피부색이 같은 단일민족일 뿐 중원의 여러 민족과 혼합된 민족이다. 현재 한국에서 살고 있는 외국인은 100만에 이른다. 앞으로는 우리나라도 타민족과 혼합이 되어 역사를 만들어 갈 것이다. 수천 년을 살아온 청주 한씨로써 새삼스럽게 은나라에서 흘러운 귀화성씨임을 깨닫게 된다.

인디언 촌락

준령駿嶺이 연이어진 로키산맥 자락에는 무성한 상록수와 활엽수가 하늘을 찌를 듯 울창히 서 있다. 태고의 신비를 간직한 숲속은 인간의 발길을 거부하리만큼 고요가 깃들고 여러 곳에는 쪽빛의 크고 작은 호수들이 대자연이 만들어 낸 걸작품인 양 관광객들 앞에 자태를 선보인다.

오래 전부터 이곳이 인디언들의 고향이었고 조상 대대로 살아온 삶의 터전이었다. 그러나 언제부터인가 인디언들은 고향을 잃어버렸고 삶의 터전을 빼앗겨 버렸다.

이곳은 캐나다의 북쪽, 산간마을이다. 일찍이 인디언 보호구역이란 미명을 내걸고 주거지를 설정하여 집을 짓고 살게 했다. 캐나다

정부에서 지원해 주는 적은 생활 보조금으로 살게 했고, 인디언들은 이때부터 삶에 대한 희망을 잃었다. 노력하지 않아도 연명할 수 있는 최소한의 보조비는 이들을 오히려 무위도식無爲徒食케 했으며 주정뱅이로 병들게 만들었다.

이로부터 몇년 사이 종족의 수는 수백만에서 급격히 감소해 명맥만 유지하는 수십만에 이른다니 슬픈 일이다. 그것은 푸른 하늘과 울창한 숲과 기름진 땅을 백인들에게 빼앗겨 버린 채 원시의 터전에서 무자비하게 내쫓긴 결과이다. 육신과 정신의 타락은 곧 멸망이며, 머지않아 인디언 종족의 멸망이 눈에 잡히는 듯 이들의 생존은 처절하다. 백인들의 계획 없는 무자비함 때문에 이 지구상에서 가장 용맹스러운 한 종족을 말살시키고 있다.

최소한의 생계비는 당장은 일하지 않아도 굶주리지 않지만 자녀들의 학비와 생활 이외의 잡비는 인디언들에게 더욱 가난을 가중시키고 있다. 인디언들이 도시로 나가 직장생활을 하려 해도 현대문명의 휘황한 도시생활에 익숙지 못하고, 배워 익힌 지식이나 기술(능력)이 없기 때문에 적응하지 못한다. 이들에게 오로지 필요한 생활의 무대는 대자연뿐이다. 로키산맥의 만년설 아래 광활하게 펼쳐진 수림과 초원, 호수와 강변이 바로 인디언들의 삶의 터전이며 영원한 직장이다. 인디언들은 느리게 살고, 불편하게 살아도 전혀 삶에 어떤 장애를 받지 않는다. 어디가 아파도 쉽사리 약을 찾지 않는다. 병과 고통은 이유가 있다고 믿기 때문이며, 그 고통이 어떤 경로와 이유로 자신을 찾아왔는지 충분히 느껴야 한다고 생각하는 이들의 인생의 지혜를 우리는 배워야 한다.

문명인들은 모든 것을 서둘러 원하며 가지려 하지만 반대로 노력 없이 얻으면 잃는 것 또한 많다. 일찍이 노스트라다무스가 예언한 인류를 멸망시키기 위해 하늘에서 내려온다는 그 '공포의 대왕' 보다도 '오늘날 대지를 마구잡이로 파헤치는 백인들의 성급한 짓은 더 무서운 환경파괴가 아닐는지!' 라고 질책하는 글을 쓰고 있다.

고향을 잃어버리고 꿈을 빼앗겨 버린 인디언들은 이제 무엇을 위해 살아야 한다는 희망이 없는 것 같다. 캐나다 정부에서 종족 보존을 위해 지정한 인디언 촌의 삶, 그 자체가 보존이 아니라 멸망을 자초하고 있다. 푸른 숲을 파괴하고 그 자리에 획일적으로 건립한 주택은 마치 수용소나 다름없는 울타리가 처져 있다.

우리는 20세기가 끝나가는 오늘날 인디언의 지혜가 새롭게 주목받는 그 이유를 깊이 생각해 보아야 한다. 문명인들은 온갖 공해와 환경오염에 병들어 가고 있으며 이제 인디언의 지혜를 빌어서 극복의 탈출구를 찾아야 한다.

인디언들은 문명인들에게 말하고 있다.

'당신들은 아이에게 가르치라. 발을 딛고 있는 이 땅이 조상들의 육신과 같은 것이라고. 그래서 대지를 존중해야 한다. 대지가 풍요로울 때 우리들의 삶도 풍요롭다는 것을 가르쳐야 한다. 사람이 땅을 더럽히면 곧 그 삶도 더럽혀 지는 것이다. 세상의 모든 것은 하나로 연결되어 있다. 우리는 대지의 일부분이며 대지 또한 우리의 일부분이다' 라고.

또한 인디언 델라웨어족의 추장은 《상처 입은 가슴》이란 책에서 지혜로운 메시지를 전해주고 있다.

'우리는 대지 전체가 어머니 품이고 그곳이 곧 학교이며 교회라고 믿는다. 대지 위의 모든 것이 책이며 스승이고 서로를 선한 세계로 인도하는 성직자들이다' 라고 말하고 있다.

조상들이 묻힌 대지를 아끼고 대지를 사랑하며 고향에서 살고자 원하지만 이미 고향을 잃은 지 오래다. 허울 좋게 만들어 놓은 가정이란 주택에서 선조들이 만들어온 민속품을 깎고, 다듬고, 꿰어서 관광상품으로 내다 팔아 어렵게 살아가는 인디언들에게 가장 자신을 달랠 수 있는 친구는 술이다. 술에 병들고 무위도식에 병든 이들에게서 느껴지는 것은 처절한 멸망과 소멸뿐이다.

산과 강과 초원을 누비던 용맹스러운 기상은 이제 찾아볼 수가 없다. 이들의 전통과 찬란한 의식은 어디에서도 엿볼 수 없는 암담하고 처절한 삶이 오늘을 살고 있는 모두의 모습이다. 이런 인디언들의 눈물겨운 생애를 누가 보상해 주랴.

이들에게 꿈이 있고 자유가 다시 주어진다면 한없이 넓은 산림을 말 잔등에 올라 바람같이 내달리며 아무도 구속하지 않는 이들만의 자유와 평등을 누리며 기름진 농토에서 곡식을 거두고 수렵하며 오순도순 평화와 행복을 누리며 살고자 하리라.

작달막한 키에 딱 벌어진 가슴. 검은 윤기가 흐르는 머리카락과 두툼한 입술, 빛나는 눈매와 불거진 광대뼈는 틀림없는 몽고리안계의 인종이다. 얼굴색이 검긴 해도 우리와 너무나 닮은 인디언 종족은 같은 혈통이라 느껴져선지 더욱 친근감 든다.

인디언 촌을 떠나면서 나는 유심히 이들을 쳐다본다. 이들의 눈동자와 표정은 우리와 너무 닮아 있음을 다시 느낀다.

슬픔 가득 담은 눈동자에는 그래도 부드러운 웃음을 잃지 않고 있다. 냉정하면서도 어딘가 인정이 배인 담담한 표정에는 동일민족의 특유함이 있음을 예감한다. 다시 찬찬히 눈웃음 짓는 이들을 쳐다본다. 따뜻한 가슴속에 순수의 다정함이 꽃처럼 피어나고 있다.

다정다감한 인디언들.

빼앗겨버린 고향의 영토 한편에서 치욕스러운 지난날의 그림자를 털어내고 다시 오색의 깃털과 깃발을 꽂을 때 당신들은 이 대지의 진정한 주인이 될 것이라 믿는다. 그때는 새로운 평화와 번영을 누리며 삶을 이어갈 것이며, 당신들은 또 다른 지혜를 가진 민족이라고 소리 높이 외칠 때 로키산맥의 숲과 초원과 강과 하늘은 더욱 푸르고 높으리라.

인디언 촌을 떠나며 미래에 대한 꿈을 버리지 않고 살기를 기원하는 뜻에서 간디의 이 말을 남겨 주고 싶다.

'이 세상은 우리의 요구를 위해서는 풍요롭지만, 우리의 탐욕을 위해서는 궁핍한 곳이다.' 라는 말을.

어 촌

새벽 바다는 제법 거칠었다. 이웃에 살던 물까마귀 아저씨는 어제저녁 무렵에 쳐놓은 그물을 걷으려고 바다로 나갔다. 아들 딸이 여럿 있으나 늘상 바다로 나갈 때는 부부가 함께 다녔다. 평생 동안을 거친 바다에서 어부로 살아온 자신의 팔자가 한스러워서 자식들은 배를 태우고 싶지 않아서였다.

겨울 바다가 잔잔한 날은 저녁때 어김없이 홍상도紅裳島 뒤쪽에 그물을 놓고 다음날 아침에는 쳐둔 그물을 걷는다. 그날도 여느 때보다 바다가 거칠긴 해도 그물을 걷으려고 아낙이 노를 잡고 물까마귀 아저씨는 배 앞에서 그물을 당겼다. 세 겹으로 된 나일론 그물코에 걸린 고기를 빼내리면 기술이 필요하므로 항상 물까마귀 아저씨가 도

맡았다.

어제저녁보다 훨씬 높아진 물결은 행동이 부자유스러울 만큼 출렁거렸다. 아무래도 사납게 파도를 몰고 오려는지 봉수제烽燧制 뒤에서 내리치는 북풍이 거세게 느껴졌다. 물까마귀 아저씨는 날씨를 예감이라도 한 듯 손놀림이 빨라졌다.

지난밤 물때가 좋았던지 걷어올리는 그물에는 제법 많은 고기가 걸려 왔다. 평소에는 좀체로 잡히지 않던 돌돔을 비롯해 감성돔, 볼라, 게르치, 망상어가 심심찮게 뱃장 위로 던져져서 퍼덕거렸다. 그러다가 한동안 숨죽은 듯 조용하다가도 한 마리가 숨찬 아가미를 벌룸거리며 뱃잔(船板)에서 요동치면 다른 고기들도 최후의 발악을 쳐댄다. 한참을 있는 힘을 다해서 버둥거리다가 지친 듯 아가미를 벌리고 연신 헛구역질을 해댄다.

물까마귀 아저씨는 신이 났다. 아낙도 기분이 좋아서 거친 물살을 이겨 내려고 팔에 힘을 주며 노를 저었다. 검게 타서 주름이 깊이 패인 얼굴에 미소까지 띠며 아저씨가 혼자 중얼거렸다.

"뭐가 걸렸기에 이렇게 그물이 무거울까?"

물속이 붉은 빛을 띠는가 싶더니 점점 가까이 당겨져 오는 물체는 큰 바다 문어였다. 주로 밤을 틈타 활동하는 문어가 그만 나일론 그물에 발이 걸려서 왼쪽 그물 한 자락을 통째로 휘감고 있었다. 아무리 힘이 세고 용맹스러운 문어라 해도 발을 움직일 수 없으니 맥을 못출 수밖에.

생선보다 한 값을 더 받을 수 있어서 시장에 내다 팔면 수입이 짭짤할 것 같아서 더욱 신이 났다. 다섯 폭(한폭이 30m)의 그물을 친 가운데 네 폭을 뽑아 올리고 이제 한 폭이 남았다. 한 폭만 마저 올리면 포구로 돌아가 아침시장을 때 맞춰 가리란 생각을 하며 아낙은 부지런히 노를 저었다. 섬 기슭이 가까워선지 전복과 소라도 걸려 왔다. 오늘 같은 수확은 평소에는 그리 흔찮은 일이었다.

어느 사이 수평선에는 아침 해가 불쑥 얼굴을 내밀었다. 높아진 물결 위로 먹이를 찾는 갈매기 떼의 현란한 날갯짓이 숨가빠지고, 새벽녘 포구를 빠져나올 때보다 사납게 파도 자락이 바위 기슭에 부딪쳤다. 하얗게 부서지는 포말을 바라보면서 늘 보아본 터라 대수롭지 않게 여기며 섬 기슭 가깝게 배를 저었다. 그물의 끝이 그곳에 있었고 끝자락에 매어놓은 부표浮標를 건지려면 가깝게 다가가야만 했다. 물까마귀 아저씨가 막 부표를 붙잡으며 외쳤다.

"노를 힘껏 당겨요."

순간 뱃머리가 반대 방향으로 반쯤 돌아섰을 때 큰 파도 자락이 뱃전을 삼키며 바위골로 밀어붙였다.

"철썩! 쿵! 우지끈, 아이구 사람 살려."

배는 육중한 바위에 부딪치며 기울어졌고 물까마귀 아저씨 부부는 파도를 뒤집어쓰고 나뒹굴었다.

간신히 위급한 순간이 지나고 정신을 차렸을 때는 제법 시간이 지난 뒤였다. 물까마귀 아저씨는 넘어지면서 부딪친 허리 통증 이외엔 별다른 외상이 없었으나 아낙은 뼛속까지 아픔이 느껴질 만큼 깊은 상처를 입었다.

배가 바위에 부딪치는 순간 젓던 노를 놓고 팔을 뻗쳐 힘껏 밀쳤으나 역부족이었다. 파도의 힘에 부쳐 뱃전과 바위 사이에 끼인 손을 미처 빼내지 못해 엄지와 인지의 손톱이 뭉개져 버렸다. 바위에 붙은 굴껍질과 부딪쳐 손이 함께 찧어져 피범벅이 되어 뼈가 드러났다. 급히 속옷을 찢어 동여매고 응급조치는 하였으나 상처의 아픔을 참느라 이를 악물었다.

그런 아픔 속에서도 아낙은 잠시 전에 그물에 잡혀온 문어와 고기들을 생각하면서 찾았다. 그러나 배 안의 어디에도 고기는 없었다. 배가 파도에 휩싸여 한쪽으로 기울면서 쏟아져 버리고 겨우 몇 마리 밖에는 보이지 않았다. 순간 길게 한숨을 내쉬며 욕설을 퍼부었다.

“×할놈의 용황님도 무심하지, 와 이리도 복도 없노. 사람을 지지리도 못살게 하네.”

잃어버린 고기를 못내 아까워 했다.

“마 잊어버리소. 그나마 살은 것만도 다행으로 생각하이소. 고기는 또 잡으면 되잖아요.”

먼 바다에서 돌아오던 칼치잡이 배들의 도움으로 구조된 것만도 천행이었다. 그래도 아낙은 잃어버린 고기를 아까워했고, 시장에 내다 팔았더라면 아이 둘의 학비는 너끈히 충당하고도 쌀 말斗을 팔았을텐데 일진이 좋지 않은 날이라며 계속 바다를 원망했다.

그 일로 해서 아낙은 인지 두 마디를 잘랐고, 끝내 배를 타지 않았다.

어느 해 여름, 폭풍이 거세게 불던 날 오징어 낚시를 나간 물까마귀 아저씨는 돌아오지 않았다. 한 맺힌 바다에 생을 묻어 버렸다. 물까마귀란 이름은 바다가 거칠어도 여간해서 쉬지 않고 성난 파도를 헤치며 조업을 나가는 아저씨의 용기와 비가 오나 눈이 오나 바다에서 삶을 일구는 성실함을 빗대어 지은 가마우지(바다새)의 별칭이다.

원숭이도 지나친 재주를 부리다가 나무 위에서 떨어진다는 속담처럼 파도를 두려워하지 않던 물까마귀 아저씨도 그 바다에서 어부의 생을 마감했다.

이십수 년 전 삶의 터전이던 바다를 떠나 이주한 곳에서 살고 있는 아낙은 때로는 잔향殘鄕의 바다가 보이는 언덕에 올라 임을 그리워하며 지난일을 회상하기도 한다.

어 부

사람 좋던 뚱아낙. 십수 년 전 어느 봄날 한전 앞 사거리에서 교통사고로 애석하게 죽었다. 새벽시장에 잡은 고기를 내다 팔려고 택시를 탄 것이 잘못이었다.

봄비가 내린 도로를 과속으로 달리던 차가 미끄러지면서 마주 오던 택시끼리 충돌한 대형사고였다. 단란한 가정을 꾸려오던 뚱아낙은 시집을 오면서부터 일상처럼 해 오던 일이기에 그날도 여느 때처럼 남보다 한발 앞서 시장에 나가려고 택시를 잡았다. 이웃뿐만이 아니라 낯선 사람에게도 항상 웃는 낯으로 인정스럽게 대하던 뚱아낙은 작은 키에 몸집이 뚱뚱해서 얻은 별명이 뚱아지매였다.

내가 잠시 양죽陽竹에서 머물 때 하숙을 얻은 집의 작은 집이었고,

언제나 생선 반찬은 떨어지지 않았다. 그 연유로 시간이 있을 때는 그 댁으로 나들이를 나가 최씨가 바다로 나갈 때 한 번 따라가겠다고 부탁했다. 그 다음 날 새벽에 함께 가자고 해서 일찍 집을 나섰다. 그리 멀지 않은 곳에 그물을 놓고 고기를 잡던 바다는 최씨에겐 삶의 터전이었다. 대부분 배를 타고 따라나서면 노를 젓거나 목선의 바닥에서 흘러 들어온 바닷물을 퍼내는 일 이외엔 크게 할 일이 없었다.

이날 따라 전어와 망둥어, 볼락, 숭어, 꼴뚜기, 멸치 등 주로 연안에서 잡히는 고기지만 물때가 좋아서 많이 잡혔다. 평소에 잘 잡히지 않을 때는 몇 곳의 그물을 건져도 겨우 한 소쿠리일 뿐, 오늘은 대여섯 소쿠리가 넘게 잡혔으니 운이 좋았다. 여간해서 기쁨과 슬픔 같은 것을 잘 표현하지 않는 최씨도 기분이 좋아 활짝 웃었다.

마을에서 뻔히 내다보이는 앞바다에 그물을 쳐 두고 고기를 잡는 일은 선대 때부터 해 오던 것으로 가업을 이어받은 생계의 수단이다. 과거에 비하면 고기잡이가 그리 신통치 않았다. 굳이 이유를 들자면 어로작업이 발달되면서 치어를 남획한 탓으로 연안까지 많은 고기떼가 들어오지 않기 때문이며, 급격한 환경변화도 그 이유 중의 하나였다. 어업 이외엔 농토를 갖지 않은 최씨로선 그래도 바다에서 그물을 놓고 고기를 잡는 일이 최상의 생활이라 자위하면서 살아왔다.

이날 아침도 잡힌 고기를 고무통에 담아 급히 시장으로 가려고 한 것이 화를 자초하고 말았다.

최씨는 내다 팔 생선을 챙겨 아낙을 떠나보낸 후 손을 씻고 아이들이 차려주는 아침상을 막 뜨려는데 비보를 전해 듣고 혼절하고 말았다. 가족들과 이웃의 도움으로 잠시 뒤 정신을 차렸으나 그 충격으로 멍하니 말이 없었다. 그 후부터 최씨는 바다 일손을 놓았고 떠난 아낙을 떠올리며 날마다 눈시울 적셨다.

매일같이 새벽이면 함께 배를 타고 생활 터전인 연안에 나아가 고기를 잡던 생각에 금시라도 대문을 밀치고 시장에서 돌아오는 환상에 사로잡혀 일손이 잡히지 않았다.

어느 해 가을 그물을 당기는 최씨의 등 뒤에서 아낙이 나직하게 들려주던 그 말이 귓가에 자꾸만 맴을 돌았다.

"아무래도 우리 ○옥이가 호浩를 좋아하는 것 같아요, 총각의 뜻도 그렇고—."

그렇다면 내년 봄에는 결혼을 시켜야지 그냥 있을 수 없다며 아낙에게 알아서 하라고 했다. 부드럽고 정이 넘치는 듯 아낙에게 대답하는 말은 너무 다정스러웠다. 그래서 마을에서는 잉꼬부부로 소문이 날 정도였다.

호浩는 발전소를 건설하려고 찾아온 청년이다. 큰댁에 하숙을 든 서부경남의 바닷가가 집인 착실한 사람이다. 지극히 아껴 애지중지 키운 맏딸을 시집도 보내지 않고 먼저 떠나간 아내가 원망스러웠다. 끝내는 아낙을 그리다 지쳐 술로 시간을 달랬다. 붉게 술기운이 오르면 떠난 아낙의 환영이 어른거림인지 '옥이네' '식이네' 하며 헛소리 질렀다.

○옥이는 어머니에 대한 그리움과 ○호에 대한 사모의 정을 이기지 못해 각혈하다 끝내 스물여섯 꽃다운 나이에 요절하고 말았다.

세월이 한참 흐른 뒤 양죽을 다시 찾았을 때는 마을도, 바다도, 바다를 삶의 터전으로 삼던 그 최씨도 없었다.

산업화의 물결에 밀려 마을 사람 모두가 이주해 갔고 이미 고기 잡던 바다는 매립되어 낯선 공장들이 서 있었다. 염포만 강 건너 성내城內 마을도 아스라이 산기슭으로 이주되었고 자동차를 실어 나르는 거대한 운반선만 산처럼 거대한 몸집으로 바다를 메우고 있었다.

하염없이 옛 생각에 젖었다가 귀에 익은 통통배의 기계 소리에 정신을 차려 바라보니 배를 탄 사람은 어부 최씨였다. 반가움에 손짓하여 불렀으나 무심히 지나쳤다. 자세히 살펴보니 그 배에 탄 사람은 최씨를 닮은 사람이었다.

석양 노을에 젖어 붉어진 얼굴은 한순간 어부 최씨로 착각하게 했다.

돌아올 귀신고래를 기다리며

—장생포 고래축제에 붙이는 글

울산은 청동기 시대부터 고래의 서식과 번식지이다. 천혜의 염포만은 주변 경관이 한적하고 먹이사슬이 풍부하며 수심이 깊어 고래의 서식지로는 최적지였다. 태화강 상류인 반구대 암각화에 새겨진 고래의 그림들을 보노라면 3천 년 전의 바다환경과 회유하는 고래의 모습이 눈에 선하게 비친다.

어미고래가 새끼고래를 등에 업고 포구에서 동해로 빠져나가는 광경은 그때나 지금이나 변함없음을 해양과학자들의 탐구에서 잘 보여주고 있다.

여러 종류의 고래 가운데 특히 귀신고래가 유독 동해에 많았는데 울산만은 지리적 환경적 최적지였으므로 귀신고래의 모항이기도 하다.

미국의 세계적인 해양학자였던 앤드로우RC, Andrews는 1912년 울산의 장생포를 찾아와서 일인들이 동해안에서 잡아온 귀신고래를 여러 가지 형태로 사진을 찍어 기록과 함께 남겼다. 그 기록들의 원본은 미국 포경의 전진기지였던 캘리포니아의 고래박물관에 보관되고 복사본이 세계 각국으로 배포되었다.

울산의 고래연구소에도 있고 필자도 지난 2005년 국제포경회의IWC가 울산에서 있을 무렵 사본을 입수하여 보관하고 있다. 이 자료에 따르면 그 당시만 해도 하루에 수십 마리의 귀신고래를 비롯한 향유고래, 참고래 등을 잡아 항구로 옮겨왔으며, 대형 고래를 해체장으로 옮겨가는 과정과 해체 장면들을 사진으로 남겨놓고 있어서 지금으로서는 귀한 자료로 활용되고 있다.

특히 이 가운데 눈을 뜬 채 죽은 고래의 표정을 담은 사진은 쳐다볼 때마다 마음을 아프게 한다. 마지막 생명을 다하면서까지 가족들(새끼고래)을 쳐다보는 애틋한 눈빛은 차마 쳐다보기가 가슴 저리는 민망스러움이 앞선다.

장생포長生浦(구정포九井浦)의 옛 지명은 한말 러시아와의 포경기지 협약문서에 표기된 글자는 구정포九井浦이다. 대한제국 외교위원 정형택鄭衡澤과 러시아 대아백작大我伯爵 헨리케셀링과 광무光武 3년(1899) 4월 29일 협약을 체결했다.

이로써 함경도 신포, 강원도 장전, 경상도 울산의 장생포 연안에 창고와 막사를 지어 포경기구를 제작하고 경유채취와 고기염장을 하여 일본으로 수출한다는 계획까지 세웠다. 그러나 불행하게도 한반도와 가장 인접해 있던 일본으로선 러시아의 한반도 포경기지 진출이 눈에 가시같이 느껴져 도저히 그냥 묵과할 수 없었다.

1904년 2월 10일 일본 해군은 동해안에서 고래잡이를 하던 러시아 포경선을 포격하여 2척을 침몰시키고 러일전쟁을 일으킨다. 진해만에 주둔해 있던 러시아 극동함대는 대마도와 인접한 대한해협에서 대마도 내항 깊숙이 숨어 있던 일본 해군 전함의 기습공격을 받고 괴멸된다. 이로써 고래잡이로 야기된 러일전쟁은 맥없이 러시아가 패전하여 모든 대한 연안에 설치하였던 포경기지는 하루아침에 일본에게 넘겨지고 만다. 이때부터 동해안은 일본의 고래잡이 독무대가 되어 세계 2차 대전이 끝날 때가지 승승장구하여 왔다.

장생포와 방어진에 있던 모든 포경선은 일본으로 돌아가고 한국 연안에는 단 한 척의 포경선도 없었다. 그때까지만 해도 한국 연안에서 물을 뿜는 귀신고래가 상당수 있었으므로 이를 보며 안타깝게 생각하던 일본포경회사에 종사하였던 지역민들이 뜻을 모아 배를 구입하자고 논의하였다. 이때에 구세주처럼 나타난 김창옥金昌玉은 일본수산(주)의 사장을 만나서 한국인 종사원들의 퇴직금 20만 엔을 받았다. 나머지 30만 엔과 본인의 전 재산을 처분하여 합친 돈 약 100만 엔으로 일본수산(주) 소속이던 노르웨이식 포경선(목선) 제6 · 7세이카이이마루(紅海丸) 2척을 구입하였다. 대부조건으로 1년 이상 쓸 수 있는 화약, 로프 등 일체의 자재를 싣고 귀국하였다. 제7정해호로 이름을 바꾸고 4월 16일 첫 출항에 나서 순수 한국인의 손으로 범고래 한 마리를 포획하였는데 장생포 포경 관계자뿐만 아니라 주민들도 흥분된 분위기였다.

한편 방어진에서도 백두선白斗善이 일정 때부터 일인들과 손잡고 정어리잡이와 저인망을 해오다 해방이 되면서 일본으로부터 포경선을 구입하여 포경을 시작했다. 울산포경조합장을 맡았던 백상건白尙鍵은 약관 20대의 청년기 때부터 만형 백두선 밑에서 수산업을 배우며 경영의 자질을 쌓았다. 이들의 연고지는 언양 두서면이었으나 일찍이 대현면 부곡리로 옮겨왔다가 일정 초기 방어진으로 이주해 왔다. 이들 백두선, 백천건, 백상건, 백사건 4형제가 모두 전문 수산업을 경영하였다. 포경선, 저인망, 정어리잡이, 근착선까지 거느리며 상어잡이의 나가선까지 확대하였다. 이로써 장생포와 방어진은 울산 고래잡이의 명성을 국내뿐만 아니라 세계 포경국에게 떨쳤다.

일본인들이 1914년 이후로 일본 연안에서 사라져가는 귀신고래를 안타까워하면서 한반도 연안으로 눈을 돌려 1910~1933년까지 20수년간 통계에 의하면 5천여 마리의 귀신고래를 포획하여 이미 멸종에 이르게 하였다.

이후 1946년부터 1950년까지는 제대로 체계가 이뤄지지 않았고 6 · 25동란이 끝난 이후부터 1960~70년대의 10여 년간은 한국 포경의 전성시대였다. 1986년 들어 전면 상업포경이 중지되면서 오늘에 이르렀으니 이미 한국, 일본 연안뿐만이 아니라 동해상에는 단 한 마리의 귀신고래도 존재하지 않는 멸종의 마침표를 찍은 상태이다.

2005년 IWC가 개최된 지 벌써 3년이 지나고 올해도 변함없이 고래 축제가 시작되고 있다. 시민들과 찾아온 외래 관광객들은 식탁에 오른 요리된 고래 고기를 먹고 즐길 뿐, 반구대 암각화에 그려진 물을 뿜는 모습이나 어미 등에 업힌 고래의 형상은 어디에서도 볼 수 없다.

이미 귀신고래가 사라진 바다는 천연기념물로 지정된 '극경회유해면' 이 아니다. 여느의 바다, 평범하고 볼품없는 일상의 바다일 뿐이다. 이미 늦었지만 선사인들의 지혜와 생활의 여유를 좇아 지금이라도 고래가 돌아올 수 있는 최선의 노력을 기울이며 하루빨리 귀신고래가 회귀하여 세계 제1의 고래관광 명소로 거듭 태어나야 할 것이다. 그것이 우리의 미래이고, 캘리포니아 고래관광 사업을 따라잡는 지름길이다.

통영 바다에 기대어

섬이 있는 바다는 포근하다. 포근한 바다의 섬 기슭에서 들려오는 갯물 소리는 어머니 음성같이 따사롭고 누이의 속삭임같이 다정하다.

해질녘 해녀의 휘파람 소리가 들려오고 물새 소리, 물결 소리, 뱃사람들의 노랫소리가 들려오는 바다는 항구 사람들의 삶의 터전이며 꿈의 동산이다. 온갖 산물들이 자라고 길러지는 바다는 바다를 일구며 살아가는 사람들에게는 희망의 무대이고 행복의 근원이다.

갈맷빛 바다에 점점이 떠 있는 크고 작은 섬들이며 뱃길을 제외한 그 넓은 바다에 별무리처럼 박혀 있는 부표들은 풍요를 약속해 주는 황금어장이다.

일찍부터 예향의 도시로 발돋움한 이 통영은 우리나라 문단을 수놓은 많은 인물을 배출한 도시이며, 청정해역에 순연한 모습을 드러낸 산들이며 작은 섬들은 한국의 미항을 만들어 낸 나폴리라 불리어질 만큼 아름답고 정갈한 항구도시를 만들어놓았다. 마음의 저울로 아무리 달아보아도 그 깊이와 그 무게를 알 수 없을 만큼 낭만과 사색의 아름다움을 내면 깊숙이 간직하고 있는 통영. 그래서 통영에는 많은 사람들이 모여들고, 한번 왔다간 사람들은 다시 통영의 인심과 구수한 맛과 비릿한 바다 냄새에 이끌려 다시 찾아오는지도 모르겠다.

호텔의 높은 곳에서 바라보는 도심의 모습보다는 아무래도 갯내음과 갯물 소리를 들으려면 해변으로 가까이 나가야 한다고 생각하며 외출복을 갈아 입고 선착장으로 나왔다.

부두에 늘어선 많은 횟집들과 이마를 맞대이고 속삭이듯 꿈을 꾸는 전마선들이 어깨를 나란히 하고 내일의 출항을 기다리며 휴식을 취한다.

출렁이는 바닷물에 따라 움직이는 선상에 매단 등불은 어쩌면 밤바다를 불 밝혀 들뜬 젊음을 잠 못 들게 한다. 흔들리는 횟배에 오르니 육지 같은 편안함이 있으나 와락 달려드는 갯내음이 오래도록 잊고 있었던 모유 같은 갈증을 깊숙이 전해준다.

유년시절부터 바다와 함께 성장해온 나에겐 바다는 곧 다정한 친구이고 친숙한 이웃으로 가슴에 따뜻함을 준다.

어두운 밤바다는 인생의 깊이만큼 철학책을 한 장 한 장 뒤적이며 사방을 뚫어지게 바라볼 수 있으련만 불 밝힌 밤의 바다는 화려한 치장을 한 3류 여인의 자태같이 느껴져 술을 마셔도 감동과 취흥이 없다. 어두운 곳에서 만지는 손끝의 감촉은 오래도록 만족의 깊은 늪 속에 숨어 있지만 화려한 불빛에 노출된 눈의 황홀감은 오래지 않아 의식 속에서 소멸해 버리고 만다. 물결의 출렁임이 그렇고, 수면을 스치는 잔파의 잔영이 그렇고, 묵직히 바다를 타고 앉은 섬의 모습이 마치 백색의 알몸을 전등에 노출시킨 것같이 실망감이 앞선다.

그러나 웬일인지 통영 바다는 역겨운 느낌을 삽시간에 지워버리고 낭만과 서정의 나락으로 이끌어 가고 있다. 그것은 다름 아닌 맑은 바람과 청정한 바다 속 파래와 갯냉이와 서실, 토나물 같은 바다 생물들이 제 모습을 갖춘 깔끔한 모습으로 생육하고 있기 때문이 아닌가 싶다.

수족관 속의 횟감들은 더러 자연산으로 잡혀온 녀석들이어서 눈알을 부라리며 날카로운 이빨로 소라 껍질을 쪼아댄다. 모든 것들이 살아 있어 태고의 원시 그대로를 느끼게 하는 통영만의 때 묻지 않은 자연과 공해에 찌들지 않은 환경이 애착을 갖게 한다.

힘차게 지느러미를 헤적이며 꼬리치는 돌돔은 값이 너무 비싸서 싸고 맛있는 볼락을 골라 푸짐하게 회 한 접시를 놓고 소주 한잔을 찰랑인다.

시원한 바다 맛이 오장육부를 점점 취흥으로 몰아가고 다시 안줏감을 고르려고 어항 곁으로 다가선다. 좁은 족자를 넣어 동작이 민첩한 감성돔 한 마리를 잡으려는데 옆에 있던 게르치가 놀라 화들짝 물살을 가른다. 순간 물벼락을 Y셔츠와 얼굴에 뒤집어쓰고 짭짤한 소금 냄새를 송두리째 맛본다.

미안해 하는 주인이 건네주는 타올로 얼굴을 닦고 기어이 몸놀림이 빠른 감성돔을 꺼냈다. 물 밖으로 나온 녀석은 날카로운 등지느러미 가시를 꼿꼿이 세운 채 여러 번 파닥거리더니 얼마 지나지 않아서 지쳐 숨 가쁜 아가미만 벌름거린다.

"손님은 횟감을 참 잘 고르십니다. 생선을 잘 아시네요."

횟집 주인은 힐끗 곁눈질로 내 표정을 읽고 있다.

"예, 어릴 때 바닷가에서 얼마 동안 살았습니다."

두 번째 들어온 횟감은 첫 번째 볼락회 맛과는 또 달랐다. 세 사람은 점점 취해 갔고, 그럴수록 통영의 밤은 더 아름다워 보인다. 바다 속에 쏟아진 온갖 물빛들은 낭만적이다.

몇해 전에 와본 통영이 아니다. 그때는 바닷가의 잡다한 건물들과 갯벌에 밀린 산업쓰레기와 부유물들이 포구를 어지럽혔는데 민선자치행정 이후의 통영은 새로운 모습으로 태어나 목욕을 끝낸 여인같이 깔끔하다.

예술을 아는 문인 시장이 이끌어 가는 예향의 도시 통영이 변하지 않을 수 있으랴 싶어 고갤 끄덕인다. 한국의 나폴리라는 별칭에 손색이 없을 만큼 잘 가꾸어진 모습에서 이 도시에 사람이 아니어도 신뢰와 돈독한 우정과 긍지를 느낀다.

셋은 취기에 휘청거리며 횟집이 늘어선 부두 길을 걷는다. 갑자기 바다가 출렁이며 달려든다. 밤배가 지나가면서 물살을 헤집은 잔파가 갯물 소리를 내며 석축을 쌓은 호안 벽에 부딪친다. 물결 소리는 일정하게 들리는 박수 소리처럼 통영을 찾아온 우릴 반기고 있다.

가깝고 먼 바다 위에는 청정한 바다에 얼굴을 씻은 섬들이 묵좌한 채 다시 밝아올 아침을 기다리며 선시選試 같은 그윽한 바다시를 암송하고 있다.

오늘 밤 너에게로 가고 싶다.
한 마리 갈매기가 되어
우주 끝,
그리움의 낭떠러지 그곳
찬란하게
몸 부서질 곳 찾아
몸 기댈 곳 찾아

아련한 원시의 물결 소리가 섬 기슭을 애무하듯 들려온다. 그 물결소리는 밤바다를 잠들게 하기 위한 경전을 읽는 것 같다. 성난 바다를 잠재우기 위해 아이던Aidan 대주교가 어부에게 성유聖油를 담아 주며 바다에 뿌려 해신을 달래듯 은은한 물결 소리가 들려오는 바다. 오늘 밤에는 평화로움만 가득하다.

이 밤이 지나고 새롭게 펼쳐지는 아침 바다의 텃밭에서 수확해온 풍요로운 산물들이 풍성하고 싱싱한 식탁을 가득 메우리라 기대하며 섬이 흐르는 밤바다를 바라보고 있다.

물결에 흐르는 섬과 나는 통영 바다에 기대에 깊이 잠들고 있다. 아름다운 섬이 있는 바다는 더욱 포근하게 느껴진다.

명인名人이 잠든 바다

생각할수록 S는 그리운 사람이다. 양주동 박사가 지은 국어대사전을 두 번씩이나 완독한 별난 데가 있는 S는 우리나라에서 몇 안 되는 낚시 명인이기도 하다.

어떤 자리이건 사람들이 모이면 좋은 입담으로 낚시 얘기로 꽃을 피웠고, 이따금 출조를 다녀오면 즉시 전화하여 감성돔 몇 마리 잡았으니 먹으러 오라는 전갈이 왔다. 우정동에 있던 집으로 가면 벌써 회를 쳐두고, 두어 마리는 잔칼질을 넣고 소금구이까지 준비하여 맛을 즐기는 미식가이기도 했다.

그런 S를 마지막 본 것은 90년 구정 며칠 전이었다. 설을 쐬려고 바쁜 일과를 꾸리던 날, 구정 때 추자도로 낚시를 떠난다는 전화가 왔다. 2월 중순이었지만 그해는 몹시 추운 날씨가 연일 계속되어 아직 봄을 알리는 매화도 피잖은 융동隆冬이었다.

이미 출조의 차빌 끝낸 터에 붙잡은들 가지 않을 사람도 아니어서 잘 다녀오라며 짧은 인사를 나눴다.

구정 뒷날 추자도에 도착한 S는 몇 차례 낚시를 와서 알고 지내던 뱃사공 김씨를 찾았다. 이곳에서 태어난 김씨는 바다에서 삶을 일궈 사는 어부였다. 제주도에 도착할 때부터 일기예보는 심상찮았다. 그 때문에 추자도에는 바다로 낚시질을 떠나는 배들이 하나도 없었고, 무허가로 낚시꾼을 실어 나르는 어선을 가진 김씨를 설득시켜 넙덕여(石)로 나갔다. 휴대용 트랜지스터 라디오에서는 계속해서 태풍주의보를 발표하고 있었으나, 끈질기게 S는 바위섬에 내려주고 내일 오전에 오라고 당부를 했다. 고집에 못 이겨 뱃사공은 돌아갔고, S는 곧 낚시질을 준비했다.

먼저 어둡기 전에 준비해간 텐트를 바위 위에 쳤다. 사나운 파도가 바위를 넘어도 휩쓸려 가지 않도록 특별히 맞춤한 텐트였다. 바위에 핀을 꽂고 질긴 끈으로 이중삼중 텐트를 억세게 매었다. 영문 모르는 B씨는 왜 그토록 철저하게 텐트를 치는지 궁금했으나 그냥 거들기만 했다.

S가 B씨를 만난 것은 추자도에서였다. 신혼여행을 가지 못했던 B씨 부부는 결혼 3년째 뒤늦게 제주도로 여행을 왔다. B씨는 얼마 전에 낚시를 배운 터에 추자도로 낚시를 하려고 왔다가 우연하게 부두

에서 S와 만나게 되었다. 화술 좋은 S는 월척 감성돔이 무리 지어 있는 넙덕여로 가자고 꼬드겨 동행하게 된 것이다.

붉게 타던 석양 노을이 수평선으로 빠져드는 즈음 낚싯대를 바다 속에 던졌다.

S와 B씨는 서너 발 사이를 두고 앉았으나 기실 B씨는 아직 초보자였다. 그러나 좋은 포인트에서는 초보자의 낚시나 명인의 낚시가 따로 없었다. 곧바로 두 사람의 낚싯대가 휘면서 낚싯줄에서 가야금 줄을 뜯는 소리가 났다. 노련한 S가 B씨에게 천천히 끌어올리라면서 자신의 릴을 부지런히 감았다. 십여 분 뒤 허옇게 배를 뒤집은 감성돔이 입을 벌렁거리며 수면에 떴다. 능숙하게 왼손에 릴을 옮겨 잡고 오른손으로 뜰채를 들어 고기를 끌어올렸다. 쉴새없이 퍼덕이는 소릴 들으며 B씨의 낚싯대를 받아들었다. 팔에 전해오는 느낌으로 보아 대물임을 예감할 수 있었다.

S는 속으로 쾌재를 부르며 조심스럽고 냉정하게 고기를 다루었다. 이십여 분이 지났을까? 순간 바다 속에는 어린아이 크기만 한 검은 물체가 보였다. S는 긴장감을 감추려 애썼지만 입 안이 말랐다. 타는 갈증을 달래려고 입 안의 침을 모아 꿀컥 삼키며 팽팽한 줄을 다시 두어 발 감았다. 180° 로 휘었던 낚싯대가 제 위치로 들어오는가 싶더니 한순간 다시 세차게 불어질 듯 휘어졌다. 마지막 몸부림 같았다.

삼십 분이 지나서 서서히 모습을 나타낸 고기는 감성돔이었다. 머리에는 푸릇한 파래가 낀 넙덕여에서만 볼 수 있는 터줏대감 같았다. 최후의 힘을 다해 수면의 물살을 헤집으며 요동쳤으나 이미 기진한 고기는 배를 뒤집었다. 등의 진흙색에 비해 배쪽은 희다 못해 진회색으로 변해 있었다. 잽싸게 B씨에게 릴대를 옮겨 주고 바위 기슭으로 나아가 아기를 껴안듯 두 팔로 감성돔을 껴안았다. 넙덕여 위에 올려놓은 고기는 자그마치 60㎝가 넘는 대물 중의 대물이었다.

대물을 잃은 바다는 점점 사나워져갔고, 붉게 타던 낙조가 서서히 어둠으로 변해갔다. 먹물이 화선지를 적시듯 엷은 어둠 속에서 월척 감성돔을 대여섯 마리 더 건져 올렸을 때, 거친 파도가 넙덕여를 휩쓸듯 달려들었다. S는 B씨에게 낚싯도구를 챙기라 일렀다.

절해고도의 사방은 어둠과 사나운 파도 소리만 정막을 갈랐다. 천막을 스치는 바람 소리도 만만찮았다. S는 불길한 예감이 들었으나 내색할 수가 없었다.

S와 B씨는 천막 속으로 들어가 휴대용 전등을 켜 천막에 매달았다. 파도 소리와 바람 소리가 한결 조용해진 것 같아 준비해간 저녁을 먹으려고 코펠에 불을 당겼다. 냄비에서 끓는 된장찌개 냄새가 허기를 더하게 했고, 시장기를 이기지 못해 소주를 마셨다.

낮 사이 빠졌던 썰물이 밀물로 바뀌면서 파도는 더욱 사납게 넙덕여를 휩쓸고 지나갔다. 한순간 꿈속이듯 앉았던 몸이 무중력상태에서 허공으로 솟는가 싶더니 천막 위에 머리가 닿았다. 천막 안에 바닷물이 가득차 몸이 떴고, 숨을 제대로 쉴 수가 없었다. 한순간이었지만 갯물을 삼킨 B씨는 카악! 칵! 헛구역질을 쳤다. 번개처럼 S의 머리를 스치는 김노인의 말이 생각났다.

"천막이 시원찮으면 목숨이 위험해."

수년 전 이 넙덕여에서 이때처럼 파도와 싸우며 밤을 샌 적이 있었다. 그때 S는 부모 같은 김노인이 있었기에 별로 당황하지 않았지만, 김노인은 그 밤에 혼비魂飛하여 사십여 년간의 낚시인생을 접고 말았다. 다음날 추자도 선창에 나온 김노인은

"젊은이 이제 나는 낚시를 그만하려네. 젊은이도 이 넙덕여에 갈 때는 준빌 단단히 해서 오게나."

하던 말이. 헤어지면서 그가 가장 아끼던 낚싯대 한 벌을 주고 갔다. 그 낚싯대로 이날 저녁때 잡은 대물 감성돔이다.

심상찮은 날씨를 예감한 S는 평소에도 이곳을 찾는 낚시꾼이 위험할 때 쓰려고 바윗돌에 고정해 놓은 질긴 로프 끝을 당겨 B씨와 한 가닥씩 나누어 허리를 동여매었다. 그사이 몇 차례 거친 파도가 천막 위를 훑었고, 한동안 조용하더니 길길이 날뛰는 거친 물결은 온통 넙덕여를 삼켜 버렸다.

천막을 받친 중심지주가 뚝! 소리를 내며 부러졌다. 천막을 넘는 바닷물의 엄청난 무게를 이기지 못했다. 휴대용 전등도 꺼져버렸고, 천막 안은 암흑이 되었다. 달리 생각해 볼 틈도 주지 않고 천막 귀퉁이의 실밥 터지는 소리가 뚜둑! 뚜두둑! 하며 혼을 빼어갔다. 다시 몸이 천막 위로 솟았고 숨이 찼다. 한순간 S는 가쁜 숨을 몰아쉬었고,

B씨는 토악질을 했다. 호흡을 조절하지 못하고 갯물을 들이켠 때문이다.

극도의 불안과 초조감도 사라지고 추위와 허기로 졸음이 몰려왔고, 몸은 지칠 대로 지쳤다. 가물거리는 의식을 채찍하며 둘은 서로의 첫사랑 얘기며 가족 얘기도 나누고, 노래도 부르다가 갈증을 참을 수 없어 오줌을 손으로 받아 마셨다. 그러는 사이 사납던 파도 소리가 가라앉고 있는 것 같았다. S는 파도 밀려오는 반대쪽으로 기울어진 천막 지퍼를 열고 밖을 내다보았다. 먼 동녘으로 새벽이 열리고 있었으며, 하늘에는 영롱한 별빛이 유난히 많았다.

S는 내심 '살았구나' 하는 안도감을 가지며 지퍼를 잠궜다. 그사이 B씨는 잿불이 꺼져가듯 의식이 가물거렸고, S는 여러 번 어깨를 흔들며 잠을 깨웠다.

S는 이만한 시련은 능히 견뎌 낼 만한 체력을 군에서 받은 특수훈련으로 단련시켜 놓았기에 지쳐서 쓰러질 정도는 아니었다.

이미 탈진상태가 된 B씨의 온몸에 안마를 해 어느 정도 의식을 회복시켰으나 이대로는 오래가지 못할 것 같았다. 그사이 날은 밝았고 S는 천막을 열고 밖으로 나왔다. 바닷물이 썰물로 돌아서면서 파도가 한결 낮았다. 어제 저녁 때 잡은 대물도 여느 낚시장비도 넙덕여 위엔 하나도 없었고, 겨우 버텨낸 기울어진 천막만 폐허처럼 남아 있었다.

아침해를 보는 순간 S는 생에 대한 집념이 더욱 강하게 불탔고,

기다리고 있을 가족과 주위의 사람들이 떠올랐다. 맨손 운동으로 몸을 풀었다. 어느 정도 몸이 회복되자 잠든 B씨를 흔들어 깨웠다.

"B형! 저쪽 높은 바위를 건너뜁시다."

그러나 B씨에겐 그럴만한 힘이 남아 있지 않았다.

"S씨! 당신이 살아서 돌아가면 우리 가족들에게 내 시신이나 거두어 달라고 전해 주시오."

유언처럼 말을 남기고 S가 넙덕여 곁의 높은 바위로 펄쩍 뛰는 모습을 보았다. 물살 센 여울목 가운데 징금다리 바위를 사납게 파도가 훑고 지나면 다음 파도가 오기까지 1분도 채 못 된다. 그 사이에 S는 높은 바위로 몸을 날려 뛰었다. 박쥐처럼 바위에 매달리는 순간 B씨는 눈을 감았다.

아무래도 혼자 남는다는 절망감이 한꺼번에 밀어닥치는 순간 기절하고 말았던가 보다.

겨울 바다는 거센 물결이 출렁댔지만 뱃사공 김씨가 아침 일찍 배를 몰아 넙덕여에 갔을 때 바위 위에는 사람의 모습이 보이지 않았다. 순간 가슴이 철렁 내려앉았으나 능숙하게 배를 가까이 붙여 살펴보니 한 구의 시체가 파도에 떠밀리며 물 위에 떠 있었고, 또 한 구는 몸이 밧줄에 묶인 채 바위틈에 누워 있었다.

잽싸게 두 시신을 배에다 싣고 추자도를 향해 전속으로 달렸다.

행여나 살아오려나 하며 뜬눈으로 밤을 새운 B씨의 부인은 두 구의 시체를 싣고 돌아온 배를 보자 그만 기절하고 말았다.

추자도 선착장은 발칵 뒤집혔다.

아직 맥박이 뛰고 있는 B씨와 S가 급히 간이보건소로 옮겨졌고, B씨와 부인은 깨어나고 S는 끝내 숨을 거두었다. B씨는 떨리는 음성으로 헛소리같이 지난밤의 상황을 또렷하게 들려주었고, 부인은 충격으로 임신 중의 태아를 유산하고 말았다.

S는 새파랗게 젊은 나이로 생을 그 바다 넙덕여에 묻었다.

예술감각이 뛰어나 문학과 음악을 논하여 낚시를 즐기던 천재는 그렇게 내 곁에서 그해 겨울 떠나갔다.

지금도 명인이 잠든 바다에는 대어를 낚는 꿈과 열정과 넋이 물결에 출렁이며 무리 지어 찾아오는 대어를 맞이하고 있으리라.

임해주회臨海週會 유감

무자년戊子年. 올해의 칠월 무더위는 살인적이다. 37도까지 오르는 폭양 아래 서 있으면 단 5분도 견뎌내지 못하고 일사병에 쓰러질 것이다.

나는 일찍이 40도를 웃도는 열대지방인 적도의 브루나이Brunei에서 몇 년을 지내보았기에 어지간한 더위엔 이골이 나서 참고 견뎌낸다. 하지만 그곳 적도엔 불쾌지수란게 없어서 그늘에만 들어서면 시원함을 느낀다. 그런데 우리나라 여름은 특히 불쾌지수가 높아서 그늘이건 해가 저문 밤이건 열대야에서 시달림은 더욱 여름을 짜증나고 고통스럽게 한다.

국제로타리클럽도 이 여름을 견뎌내며 더욱 단합과 봉사정신을 함양하기 위해 매년 회기 초엔 시원한 바닷가를 찾는 '임해주회臨海週會'를 실시한다. 한데 어느 회기부턴가 임해주회를 산속에서 치르는 '배산주회背山週會'로 변모해 시행하고 있다. 그것도 주회를 개최하는 현수막에 임해주회라고 대문짝만 한 글을 써서 붙여 놓고 있으니 제 스스로 무식함을 만천하에 알리는 격이다. 차라리 쓰려는 적절한 말(글)에 궁하면 '야외주회野外週會' 혹은 '산촌주회山村週會' 등으로 합당하고 적절한 제호를 만들어서 사용하는 것이 참 봉사인의 올바른 정신자세일 것이다.

잘못된 어휘나 어법은 고쳐 써야 함으로 몇해 전부터 시정을 지적해 왔으나 고쳐지지 않고 있다. 아마도 전 · 현 집행부가 안이한 사고와 잘못된 판단으로 '한 해가 지나면 그만인 것을—'이라고 생각한다면 큰 잘못이다.

차라리 건성으로 들어 넘기고 형식적인 임해주회일 바에는 내년부터는 우리 민족이 더위를 이겨내면서 벗들과 탁족濯足하고 부채를 일렁이며 지긋이 더위를 쫓는 '피서주회避暑週會'는 어떨는지?

이인로李仁老의 '탁족부'에

> 나물 먹고 배불러서 손으로 배를 문지르고 가냘픈 오사모烏紗帽 제껴 써, 용죽장龍竹杖 손에 짚고 돌 위에 앉아 두 다리 드러내어 발을 담근다.

이 얼마나 해학적인 피서법이며 고고孤高한 정신 세계를 엿볼 수 있는가?

이제 화합和合이란 명분으로 죽기살기로 폭음케 하여 미친 듯이 발광하는 가요궁은 진정한 봉사인의 화합이 아니라고 감히 지적해 본다.

브루나이보다 더 무덥게 느껴지고 후텁지근한 열기와 불쾌지수는 짜증만 가중시켰다. 어차피 올해는 찌는 듯한 산속 임해주회臨海週會를 마쳤으니 내년에는 새롭고 건전한 주회문화를 정착시킴이 어떨는지?

한글 세대

지난해 말 지인들에게 편지를 내려고 우체국을 찾았다. 각지로 우송될 편지를 창구에 내밀었더니 고개를 갸웃거렸다. 이유인즉, 이름을 한문으로 써서 어려운 자는 잘 몰라서였다.

홍길동烘吉東, 정선달鄭先達 같은 쉬운 글자야 어렵잖으나 획수가 많은 노盧, 엄嚴, 곽槨씨 같은 글자는 알지 못했다. 밀린 창구를 돕느라고 한글 토를 달아 주었더니 접수가 의외로 빨랐다. 창구를 떠나면서 괜한 소릴 한마디 했더니 미간을 찌푸리며 반격을 했다.

"선생님은 완벽하게 한글을 다 아십니까? 남에게 한문 공부 좀 하라게~"

얼떨결에 젊은 여직원에게 벌에 쏀 듯 뒤통수를 만지며 우체국 문을 나섰다.

사실 낸들 한문이 그리 능통치 못하고 한글 또한 자신 있게 편지 한 장을 다 쓰지 못한다. 고등학교 2학년 때 배우던 한문 시간이 전면 폐지되면서 한글전용 교육을 실시하여 오래도록 한자교육이 홀대받았다. 이제는 국제화 추세여서 영어 다음으로 한자가 필요한 시대로 변했다. 과거 선인들은 한중일 3국인이 모이면 언어가 통하지 않아도 필담으로 서로의 뜻을 전할 수 있었으니 지식과 언어 교육은 매우 중요하다는 생각이 든다.

그러나 문제는 우리가 배우고 익힌 한글을 제대로 알고 표현하거나 글로 쓰는 사람은 그리 많지 않다. 하물며 글을 쓴다는 작가이면서도 원고를 쓰거나 편지를 쓰면서 틀린 글자가 많기 때문이다.

지난해 10월 경북에 있는 모 선생에게 편지를 보냈다가 아주 무안을 당한 적이 있었다. 편지글 가운데 잘못 쓴 글을 붉은 펜으로 체크하여 다시 보내 왔기에 보는 순간 마음이 홍당무가 되었다. 조급하고 자만심으로 쓴 편지는 여러 글자가 틀리게 적혀 있었다.

'주리다 = 줄이다, 올고 그러다 = 옳고 그르다, 하였읍니다 = 하였습니다.' '읍니다'는 오랜 습관 때문이라 해도, 그 외의 '주리고', '올고', '그러다'는 잘못 적은 것이다. 이렇게 모국어를, 명색이 문인이란 사람이 이러니 일반인들은 얼마나 많은 글을 잘못 쓰고 있지 않을까 싶어 다시 한번 훈민정음부터 관심을 가져보려고 공부를 한다.

훈민정음은 1443년에 제정되어 올해로 565돌에 이른다. 그러나 만들어지면서부터 수많은 환란을 겪게 되었다. 집현전 부제학 최만리가 중심이 되어 유학자들이 반대하는 상소를 올리게 된다. 세종대왕(본명 李祹)이 편찬한 《훈민정음해례》에 신하 정인지가 쓴 글에 '한글 모양이 고전을 모방해서 즉, 오래된 문자를 모방하여 만들었다' 고 했다. 한글이 만들어진 과정과 사용법을 적은 책이며, 현재 간송미술관에 소장본이 유일하게 남아 있다. 이런 어려움을 겪으면서도 1446년(병인년) 9월 훈민정음 사용을 반포하게 된다.

1911년에 계연수가 쓴 《환단고기》에는 단군시조로부터 쓰였던 '가림토문자' 가 원형이 되었다 하고, 몽고의 '파스파문자' 를 따서 만들었다고도 했다. 《환단고기》는 예부터 전해 오는 《삼성기》 《단군세기》 《북부여기》 《태백일사》 등을 토대로 만들어진 책이다. 이뿐만이 아니라 한문의 오래된 전자를 따서 만들었으니, 일본의 신대문자 기록(아세신궁 소장본)은 천년 전부터 내려오는 신대문자라고 주장한다. 그 이유는 대마도에서 쓰이던 '아히루문자' 에서 모방된 것이란 견해이다. 하지만 언어학을 연구한 S교수는 단군조선 때부터 전해 오는 '가림토문자' 를 먼저 일본인들이 모방해서 신대문자를 만들었고, 이후 가림토문자가 변형되어 한글이 만들어졌다고 주장했다. 이 모두의 주장은 확실하게 뒷받침할 근거가 없어 논란 중이다.

근래에 와서 훈민정음 창제설에 대한 학자들의 논쟁이 심화되자 새롭게 조명된 근거에 의하면 매우 신빙성이 굳어진다. 속가俗家의 영산永山 김씨였던 신미대사(1403~1480)가 머물렀던 속리산 복천암에서 한글 창제에 대한 정설이 전해 오고 있다. 신미信眉는 집현원 학사로 득총어세종得寵御世宗이라 영산 김씨 족보에 남겨져 있다고 한다. 신미는 까다롭고 난해한 범어梵語와 티베트어로 된 경전에 해박하여 이 두 문자에서 한글을 모방했다고 전해진다. 이런 연유로 세종은 운명을 앞두고 신미에게 우국이세 혜각존자祐國利世 慧覺尊者란 법호를 내렸으나 집현전 유생들이 강력히 반대하여 '나라를 위하고 세상을 이롭게 했다'는 대목에서 앞의 네 글자는 삭제되고 뒤의 네 글자만 얻게 되었다.

어렵사리 만들어진 훈민정음은 쓰기와 말하기의 어려움같이 숱한 환란을 겪어 왔다. 최만리는 끝내 의금부에 구금되고, 그의 주장에 의하면 중국을 사모하는 마음에 한글은 위배된다는 것이다. 한문만을 숭상해야 하고 훈민정음을 사용하면 오랑캐가 된다고 했다. 또한 어려운 성리학을 깨우치려면 읽기 쉬운 한글을 배워서는 접근하지 못한다는 주장이었다. 그러나 이보다는 훈민정음의 창제가 유교가 중심이 되지 않고 불교가 구심점이 되었기 때문이었다.

세종대왕의 어지御旨가 108자였고, 조석으로 사찰에서 치는 종이 28번과 33번이었다. 훈민정음이 28자와 33장으로 이루어졌음은 결코 우연이 아니었다. 하늘의 28수宿와 불교의 우주관인 33천天을 상징하는 숫자이어서 훈민정음 신미 창제가 결정적인 근거가 된다. 또한 이 무렵 나라에서는 불교 경전 번역사업이 한창 진행 중이었다.

찬불가인 《월인천강지곡月印千江之曲》, 《석보상절釋譜詳節》, 《능엄경언해凌嚴經諺解》 같은 책이 한글로 번역되었다. 이렇듯 번역본이 쉽게 백성들에게 읽혀지면 맹자孟子, 논어論語와 어려운 성리학은 깨우치지 못하니 한문 책자는 해석하지 않는데 대한 반감이 팽배했던 것이 이유였다. 어찌하였거나 28자의 훈민정음은 자음과 모음으로 된 소리문자이니 범어를 바탕으로 하여 만들어졌음이 정설이다.

중국은 표의(뜻)문자이고, 일본은 히라가나(신대)문자인데, 우리의 한글은 소리문자이다. 한글은 세계적으로 이름난 언어학자들도 아낌없는 찬사를 보내며, 매우 과학적으로 만들어졌음을 인정하고 있다. 그 예로 오늘날 첨단 산업사회를 지배하는 것은 정보와 통신이다. 휴대폰 문자 메시지를 보낼 때 가장 빠른 것이 한글이다. 중국어나 일어는 맞는 글자를 찾느라 여러 번 버튼을 눌러야 가능하다. 한글은 못 쓸 단어가 없고 표현 못할 말이 없을 만큼 과학적인데 반해 쓰기와 말하기에 앞 뒤 연속 문장이 없으면 쉽사리 혼돈이 온다. 말〔言〕, 말〔斗〕, 말〔馬〕과 배〔船〕, 배〔衣〕, 배〔梨〕 같은 용례를 들 수 있다.

세대를 구분하자면 나는 한글 세대이다. 한글 세대이면서도 한글을 정확하게 쓰지 못하니 완전한 한글 해득자가 되지 못한다. 우체국에서 창구 여직원에게 '한문 공부 좀 해야겠네' 라고 반말투로 핀잔(?)했던 것에 새삼스레 부끄러움을 느낀다.

완전한 한글 세대가 되기 위해선, 편지 한 장 씀에도 실수하지 않으려면 거듭 한글을 공부해야겠다.

백두산 16봉의 비경秘景

동북3성 가운데서도 내가 가장 즐겨 찾는 곳이 요녕성이다. 길림성은 조선족이 가장 많이 살고 있는 연변, 즉 연길지역이기 때문이다. 일제의 탄압을 피해 독립을 쟁취하려고 고국을 뒤로하고 떠나 정착한 곳이 연길을 비롯한 동북3성이다. 이 지역에는 우리 민족의 혼과 정서와 풍습과 문학이 두루 남아 언제 찾아와도 가슴에 느껴지는 민족혼과 동포애가 있어서 낯설지 않은 곳이다. 또한 한민족의 단군신화가 시작된 백두산이 있기에 더욱 오고 싶은 곳이다.

나는 백두산을 말할 때면 어느 자리에서건 행복해진다. 여러 차례 맑은 백두산의 16봉과 천지를 보았기 때문에 그러하다.

여느 사람들은 정상에 올라도 그리 쉽게 얼굴을 내보이지 않으니 예사롭게 볼 수 있는 곳이 아니다. 내가 백두산을 이야기할 때 행복감을 느낀다는 것은 네 차례 올랐는데 오를 때마다 그림같이 맑은 16봉의 얼굴과 천지의 찰랑이는 물결을 선명히 보았기 때문이다. 처음 올랐을 때 시야에 펼쳐진 광대무변한 16봉과 천지의 모습에서 너무 감동한 나머지 한동안 말을 잊은 채 벌린 입을 다물지 못했다. 하나같이 건강하고 장쾌한 모습으로 다가서는 준수한 산봉들을 차례로 반기며 눈으로 어루만지며 천지를 굽어보았다.

장자莊子는 무하유지향無何有之鄕이라 했는데, 광막하고 확 트인 세계를 일컬음이다. 세계에서 가장 높은 산 정상에 있는 호수, 즉 유토피아가 바로 천지가 아닌가 싶다. 사하라 사막이나 고비 사막에 가도 처처호호處處浩浩(오아시스)가 있다지만 이 높은 산정호수는 이 세상에 단 한곳 백두산밖에는 없다. 그것도 준수한 쾌남아의 기상을 자랑하며 선 16봉의 품에 안겨 있으니 오죽 행복하겠는가.

마주 보이는 가장 높은 백두봉을 중심으로

백운봉白雲峰, 관면봉冠冕峰, 삼기봉三奇峰
천활봉天豁峰, 지반봉芝盤峰, 옥주봉玉柱峰
제운봉梯雲峰, 와호봉臥虎峰, 고준봉孤準峰
자하봉紫霞峰, 화개봉華蓋峰, 철벽봉鐵壁峰
용문봉龍門峰, 관일봉觀日峰, 금병봉錦屛峰

이 차례로 다가선다. 이 십육 봉 가운데 다행스럽게도 제일 정상인 백두봉(장군봉裝軍峰, 병사봉兵使峰 : 2749.6m)이 현 영토상으로 북한 지역에 속해 있다. 열여섯 봉우리 중에서 백운봉, 천활봉, 지반봉, 옥주봉, 화개봉, 철벽봉, 용문봉, 관일봉, 금병봉 이 9개 봉은 중국 영역에 속해 있다. 이들 백두산의 16개 봉들은 해발 2,500미터 이상의 정상에 솟아 있는 산봉들이다.

이 16봉에 둘러싸인 가장자리가 활화산의 분화구인데 화산 분출이 멎자 자연스럽게 연못으로 변했다. 이 천지의 다른 이름은 용왕담龍王潭인데 해발 2,194m에 위치하고 있으며 내벽은 가파른 경사를 이루어서 예측할 수 없는 추락의 위험을 항상 내재하고 있다.

천지 주위에는 사계절의 변화무쌍한 아름다움으로 12경을 연출하고 있다. 백화원百花園을 비롯하여 조오대釣鰲臺, 방학대放鶴臺, 선인도仙人島, 인련麟戀, 봉린鳳麟, 종덕사宗德寺, 부천석赴天石, 견우교牽牛橋, 향일초당向日草塘(양지바른 꽃동산), 금선천金先泉 등이 저마다 아름다운 풍광을 자랑하고 있다.

천지에 갇힌 물은 북한 측 통계로는 19억 5천 5백 톤(20억 4백만 톤)으로 괄호 안은 중국 측 통계로 추산하며, 빗물이 70%이고 솟아나는 지하수가 30%에 달한다.

이 천지의 둘레는 14.4km(13.1), 동서 길이 3.55km(3.35), 남북 길이 4.64km(4.64), 평균 수심 213m(204), 최저 수심 384m(373), 물의 경도는 2도로 발표하고 있다. 중국의 통계와 다소 차이가 있으나 엇비슷한 편이다.

이 천지의 수면은 강수량에 따라 약 1m정도 차이가 있으냐 수량이 높아지면 자연적으로 달문闥門을 통해 폭포로 쏟아져 송화강의 원류를 이룬다.

백두산의 생성 시기는 1990만 년부터 310년 사이로 여섯 차례의 화산 폭발로 인해 이루어졌다. 지금의 길림성을 위시한 만주지방에 형성된 지질은 200~300m의 깊이로 현무암대지玄武岩臺地로 쌓여 있다. 이 현무암대지의 면적은 약 3만㎢이고, 이에 1/5 가량이 북한 쪽의 개마고원 일부를 형성하고 있다.

삼도백하三道白河에서 고도 1,800m의 백두산 자연보호구역에 이르는 470m 두께의 비탈진 현무암 고원高原은 약 13만 년, 290만 년 전에 폭발로 인해 형성된 것으로 과학자들은 내다보고 있다.

백두산의 16봉이 현재와 같이 모양을 갖춘 것은 제4기 지질시대인 약 61~21만 년, 13만 년, 10만~9만 년 전 세 번에 걸쳐서 용암의 흐름이 저조한 알칼리 조면암, 현무암이 차례로 분출하면서 이루어졌다.

제4기 화산 활동은 밑바닥을 이루는 제3기 현무암 때와는 달리 폭발력이 강한 산성용암을 분출했다. 이 용암의 두께만도 650m로 점성粘性이 강해 멀리 흘러가지 못하고 천지의 분화구 가까이 층층으로 쌓여서 끝내는 하늘에 닿을 듯 높은 화산추火山椎를 만들면서 제각기 독특한 16봉의 비경을 만들어냈다. 아직은 북한 땅을 밟고 백두산을 오르지 못하므로 국중 국경에 속한 천문봉天文峰으로 올라야 하며, 이 산자락에는 백산, 미황색, 회백색의 둥글한 부석浮石이 토층을 이루고 있다. 이 부석들은 천지 분화구 주변에 골고루 흩어져 쌓여 있다.

백두산 화산 분출의 마지막 시기는 1400년 전과 근세에 와서는 3~400년 전까지 화산 활동이 계속되어 형성된 산형山形이다. 특히 절묘한 풍광을 돋보이게 한 원인은 빙하작용 때문인데 깊은 계곡과 백두폭포에서 이도백하에 이르는 U자형 천길 계곡은 빙하시대에 이루어진 흔적이다.

행정구역으로는 장백산맥에 위치하며 북한의 양강도 삼지연군과 중국의 길림성 안도현 이도백하진에 속한다. 위도상으로 북위 41° 31′~42° 28′와 경도상 동경東經 127° 9′~128° 55′에 걸쳐 있다. 백두산의 주위에는 마천령산맥, 함경산맥이 있으며 이곳에는 관모봉(2,541m), 궤상봉(2,333m), 만탑산(2,205m), 관두봉(2,136m), 두륜산(2,309m) 등 해발 2000m 이상의 산악들이 백두산 아래 어깨를 겨루며 산맥을 이루고 있다. 이러한 지형적 현상 가운데 우뚝 선 백두산은 만악천봉萬嶽千峰을 호령하고 압도하며 거대함과 웅혼雄渾함을 자랑하고 있다. 개국開國의 비밀을 밝혀주는 단군신화가 수록된 《삼국유사》에는 태백산太白山으로 표기되어 있으나 이곳이 우리 민족의 발상지이다.

앞서도 언급했듯 불함산, 태백산, 장백산, 백두산의 각 이름들은 공통점을 가졌으며, 《삼국유사》에서 일연 선사가 '태백산'이라 칭했음은 당나라 시대 중국이 사용했던 이름을 그대로 인용해 태백산으로 기록한 것으로 짐작하고 있다.

16봉에서 흐르는 물은 천지에 모이고 이 물은 남북한과 만주 일대의 3대 강의 발원지이기도 하다. 압록강, 두만강, 송화강이 이곳에서부터 시작한다. 또한 산맥과 지맥의 출발점이기도 하다.

청명한 날씨 속에 경탄할 만큼 아름다운 16봉의 비경들이 발길을 붙잡고 놓아주질 않는다.

다시 찾은 민족의 영산靈山

국교가 없었던 1989년 7월 27일 난생처음으로 백두산에 올랐다. 구름 한점 없는 하늘은 천지의 물빛보다 더 푸르게 개여 하늘과 천지가 조화를 이뤄 순간의 감격스러움은 터질 듯 부풀었다.

그 당시로선 백두산을 오르리란 생각은 꿈도 꿀 수 없었다. 1945년 해방과 더불어 갈라진 양국은 민주진영과 공산진영으로 철저히 등 돌려야 했기 때문이다. 그로부터 장막 속에 갇힌 45년, 극적으로 국교를 맺고 양국은 왕래하기 시작했으나 1989년 7월은 국교가 이루어지지 않은 때였다. 그땐 쉽게 중국을 여행하거나 접근할 수가 없었으므려 '중소기업 방문단' 이란 미명으로 어렵사리 가게 되었다.

오늘의 눈부신 경제성장은 괄목할 만한 일이지만 1980년대의 중국국민경제는 비참한 실정이었다. 하지만 15년의 짧은 시간을 딛고 눈부시게 발전하고 있는 오늘의 중국에 오히려 두려움이 느껴진다.

우선 하룻밤 묵는 호텔의 숙박비와 백두산을 오르는 교통비며 안내인들의 봉사료도 10배가 넘게 올라 만만치가 않다. 이런 실정인데도 한국인들은 해마다 줄기차게 민족의 성산인 백두산을 찾아 나선다. 해마다 증가하는 관광객은 하루 중국으로 여행하는 관광, 비지니스 등이 1만 명에 이른다니 놀라운 일이다.

백두산을 오르는 연길 한 곳에 대형 아치를 만들어 세우고 가히 백두산을 올라보라고 부추기는 등소평이 내건 구호가 그럴듯했다.

> 장부로 태어나서 장백산을 오르지 못하면 한이로다
>
> —등소평

등소평은 백두산을 세 번을 올랐지만 한 번도 천지가 얼굴을 내민 모습을 보지 못했다니 끝내 한으로 남았을테고 그 한은 죽을 때까지 이루지 못했다.

그렇다. 백두산의 16봉과 푸른 물결이 남실거리며 무수한 은화가 반짝이듯 햇살에 부서지는 잔물결을 볼 수 있는 사람은 산을 오른 복받은 행운아다. 아무렇게나 시도 때도 없이 얼굴을 보이지 않는 천지는 365일 중 겨우 5~60일, 그것도 7~8월이 가장 맑은 날이 많다는 통계이다.

올해 8월에도 백두산에 올랐다. 울산 처용수필문학회원들과 동북삼성(길림성, 요녕성, 흑룡강성)에 있는 문학인들과의 조우를 위해 연길의 백두산호텔에서 만났다.

단순한 친선 교류가 아니라 중국 속의 소수민족인 조선족의 문학의 뿌리를 재조명해 보고 현재의 문학 활동사를 알기 위한 만남이었다. 과거 개화기의 〈북간도〉를 쓴 안수길과 민족 시인 윤동주의 생가를 찾아보고, 재조명해 보려는 문학기행이 목적이었다.

처용수필문학회는 지난 2004년부터 해마다 해외문학기행을 3년째 시행해오고 있다. 영국, 러시아, 중국 순으로 폭넓은 세계문학사를 탐구하고자 시작한 문학기행이다.

아침 6시에 일어나 8시에 백두산을 오르려고 바삐 짐을 챙겨 버스에 올랐다. 연길의 백산호텔〔白山酒店〕에서 이곳까지 달려온 길도 멀었지만 아직 갈 길도 멀다.

백두산은 배달민족의 영산으로 여러 가지 이름으로 불리어진다. 장백산長白山, 불함산不咸山(밝 한산), 태황산太皇山, 삼신산三神山 등으로 부르지만 한국인들은 대다수 백두산이라 부른다. 중국인들은 장백산이라 부르는 것이 통용되는 이름이긴 해도 때론 백두산 운운할 때도 있었다.

이보다 훨씬 앞선 남북조시대와 당나라 때는 태백산太白山, 개마대산蓋馬大山, 도태산徒太山이라 불렀다. 송나라 때는 백산白山, 태황산太皇山, 장백산, 단단대령單單大領, 노백산老白山 등의 이름으로 불려지기도 했다.

한편 금나라 때는 영응산靈應山이라 하여 천제天祭를 지냈으며, 여진족은 '걸민싼옌아린' 이라 하여 과륵민산연아림果勒敏珊延阿林으로 한자어로 썼다. 그 뜻은 '걸민(과륵민果勒敏)' 은 '길다' 이고, '싼옌(사연珊延)' 은 '희다' 이며, '아린(아림阿林)은 '높은 산' 이라 했다. 이 말을 붙여 풀이하면 '길고 흰 높은 산' 은 즉 장백산, 곧 백두산을 말함이다.

상고시대 때에 우리나라에서는 이 백두산을 어떻게 불렀는지에 대해서 명확하게 기록으로 남겨진 문헌이 없다. 다만 개국신화인 단군신화에서 환웅桓雄이 태백산의 신단수 아래로 내려왔다고 했는데, 이 태백산이 곧 백두산이라고 일부 학자들은 제기하고 있다. 이는 《삼국유사》를 쓴 일연 선사가 당시 당나라에서 사용하던 명칭을 그대로 옮겨 기록한 것으로 보는 견해가 지배적이다.

이 《삼국유사》보다 약 300년쯤 앞서는 고려 광종 10년에 백두산이란 이름을 사용한 것이 《고려사》에 기록된 것으로 보아 고려 초에 뿐만 아니라 이보다 앞서 백두산이란 이름을 사용하였을 것으로 짐작해 볼 수 있다. 중국의 가장 오래된 지리서인 《산해경山海經》은 백두산을 불함산不咸山이라 지칭하고 있다. 《산해경》의 해경海經 중 대황북경大荒北經에는 이런 항목이 있다.

> 대황의 한가운데는 불함이란 산이 있고 숙신씨의 나라〔肅愼氏之國〕가 있다. 비질蜚蛭이라는 것이 있는데 날개가 빗이다. 충蟲이라는 것이

있는데, 짐승의 머리에 뱀의 몸을 하고 있고, 이름은 금충琴蟲이라고 한다.

예부터 중국에서는 숙신을 우리나라를 일컫는 것이며, 이에 대하여 동진東晋의 곽박郭撲이 찬撰한 것을 보면 '숙신지국을 요동으로부터 3천 리 밖에 있는 나라' 이며 읍루국挹婁國이라고도 하고, '활쏘기 잘하며 호목楛木과 청석靑石을 재료로 하여 강하고 굳센 활을 산출한다' 고 했다.

이렇듯 유서깊은 민족의 성산인 백두산을 육당 최남선은 불함산에 대해 '불함' 을 '밝음', '밝안' 의 한자역음漢字譯音으로서 '광명', '신명神明' 을 뜻하는 것이라고 했다. 또한 함咸은 한汗으로 옮겨 쓴 것인데 여진족들이 한을 임금의 뜻으로 쓰는 것으로 보아 '불의 최고자' 또는 천신天神으로 보는 사람도 있다. 이러한 일련의 백두산에 대한 이름을 정리한 유종열은 그의 기행문에서 '불함산' 은 '백두산' 의 다른 명칭이며, 민족의 힘을 상징하는 '밝한산' 즉 '북은 임금의 산' 또는 '불 같은 임금의 산' 으로 부를 수 있다' 고 밝히고 있다.

1989년 7월 25일 첫 등정 이후, 1996년 7월 20일 2차 등정, 뒷날 7월 21일 3차 등정, 이후 10년 후 2008년 8월 16일 네 번째 백두산을 올랐다. 밝고, 맑은 하늘 아래 16봉은 귀공자처럼 반갑게 다가섰고, 천지는 수줍은 듯 햇살 아래 은화처럼 반짝이며 눈웃음 지었다.

| 평론 |

자연과의 교감으로 빚은 깨달음

—한석근의 5매수필

鄭 木 日 (수필가 · 한국문협 수필분과회장)

1. 5매수필의 대두

한석근 수필가가 이번에 5매수필집을 선보인다. 최근에 수필, 동화, 소설 등의 분량이 차츰 짧아지는 추세를 보여준다. 영상에 익숙한 시대의 영향과 속도를 가치화하려는 현대의 특성이 반영된 것으로 보인다. 짧은 글에서 최대한의 깊이와 의미를 얻으려는 독자들의 생각은 곧 경제 논리와 닮아 있다.

'장편掌篇' 이란 '극히 짧은' 이란 뜻이다. 단편소설보다 짧은 장편소설은 있었지만 장편掌篇수필의 대두는 근래의 일이다. 윤오영의 〈달밤〉이나 피천득의 〈오월〉은 5매 내외로서 장편수필이라 할 수 있다. 그러나, 이를 두고 굳이 '장편수필' 이란 말을 하지 않았다.

《수필과 비평》지는 2001년부터 장편수필을 기획하여 1년이 넘게 게재함으로써 처음으로 장편수필의 전개를 보여주었다. 《수필과 비평》지는 계속해서 장편수필을 청탁하여 게재하고 있다. 《새 천년 한국문인》지에서도 기획특집으로 장편수필을 게재한 바 있다.

장편수필의 대두에 대하여 문단의 구체적인 반응으로서 《월간문학》지 출신 수필가들의 모임인 '대표에세이문학회' 에서 2002년도 연간집을 '5매수필' 로 하기로 결의하고, 세미나의 주제를 '5매수필의 개척과 방향' 으로 잡은 것이 본격적인 논의의 시초이다.

대표에세이문학회에서는 '장편掌篇' 이란 단어가 추상적이기 때문에 분량에 대한 구체적인 명시가 필요하다는 의견에 따라, 5매 내외가 적당하다는 합의를 도출하였다. 따라서 '장편수필' 이란 애매한 개념 대신에 명확한 개념인 '5매수필' 이란 말을 붙이기로 했다. 장편수필의 전개를 위해서는 무엇보다도 '장편수필' 의 불분명한 분량에 대해서 명확한 개념정리가 필요한 것이므로, 대표에세이문학회에서 규정한 '5매수필' 이란 용어에 대해 검토가 이뤄져야 할 것으로 보인다. 《수필과 비평》지의 장편수필 게재와 대표에세이문학회의 5매수필 연간집 발간은 본격적인 장편수필의 전개를 보여주는 일이 아닐 수 없다.

그렇다면 왜 5매수필의 전개가 대두되고 있는가 하는 점을 알아볼 필요가 있다. 수필의 분량은 대개 15매 내외로 비교적 짧은 산문이기에 현대인들이 읽기에 적당하다. 시의 장점과 소설의 장점을 두루 취하면서 독자적인 개성을 드러내는 수필은 시와 소설의 중간 거리에서 가장 경제적인 효능을 인정받아 대중문학의 성격을 띠고 있다. 그런데도 3분의 1로 줄여 5매 정도의 분량을 취할 까닭이 있는 것일까?

2. 5매수필 대두의 배경

짧은 수필의 요구는 '속도'를 가치화하는 시대적 추세 속에서 파악해야 할 것으로 본다. 독서의 경향을 보더라도 대하소설이나 장편소설이 차츰 퇴조하는 양상을 보이고 있는 반면, 만화나 간단한 읽을거리, 짧은 분량의 글을 선호하는 양상이 두드러지게 나타나고 있다. 시간절약의 경제성이 스피드한 생활을 영위하는 현대인들의 삶과 부응하는 면이 있으며, 5매 내외의 분량은 전철이나 여행 중에서도 시간적 공간적인 제약을 받지 않는다는 것이 장점이 아닐 수 없다. 짧은 글 속에 함축된 심오한 사상과 값진 체험, 인생적 발견과 의미를 받아들일 수 있다는 것이 장편수필의 매력이다. 5매 내외의 글은 독자들에게 눈의 피로나 마음의 부담을 주지 않기 때문에 열독성이 있고 경쾌감을 주기 마련이다. 실제로 신문을 볼 경우에도 뉴스 벨류에 따라 톱뉴스의 제목과 부제에서부터 시작하여 필요하다면 본문을 읽어 가는 방식이 신문 읽기의 통례이다. 간결과 축약을 바라고 있다. 이는 모든 면에서 경제성을 요구하는 현대인의 생활과 밀접한 연관이 있다. 이런 요인들이 수필의 분량을 더욱 짧게 요청하는 하나의 경향을 이루고, '5매수필' 의 전개를 바라고 있는 것이라고 본다.

3. 한석근의 5매수필

한석근 씨는 《월간문학》지 수필 당선 이후 매우 활발한 창작활동을 전개해온 수필가이다. 수필 이외에도 시인으로서 시집을 출간하였고, 향토사학자로서 울산지역의 향토학에 관한 여러 저서를 내놓았다.

한석근은 꾸준하고 열성적인 집필활동을 과시한다. 이번 선보이는 5매수필은 종전 수필 분량의 축소적인 모습인가, 아니면 5매수필의 새 시도인가, 시와 수필의 중간 분량을 취함인가를 살펴본다.

그는 시, 수필, 향토사를 쓰는 사람이다. 픽션과 논픽션을 두루 섭렵하고 있다. 시의 압축 및 함축과 산문이 지니는 설명과 묘사를 활용하여 '5매수필' 을 빚어낸다. 그의 5매수필에 보이는 주제 및 소재는 대부분이 자연과의 관찰, 교감을 통한 인생의 발견과 의미 부여에 두고 있다. 소재는 자연 중에서도 나무, 꽃, 분재, 수석 등이 많다. 이것은 직업상의 이유로 평생 동안의 탐구 대상으로 전문 영역이 되고 있기 때문일 것이다.

다음으로는 향토사학가로서의 면모를 드러내고 있다. 향토사에 관심을 기울이는 동안 역사, 전설, 문화재에 대한 애착과 관심이 작품에 묻어난다. 그의 사상과 정서는 자연히 전통문화에 깊숙한 뿌리를 간직하고 있으며 민족의 정서와 영혼과 마음을 전해주려는 애틋함을 가지고 있다.

한석근의 주제는 우리 자연과 문화를 통한 감상과 음미에 그치지 않고, 전문적인 탐구안과 열성으로 얻은 통찰로써 인생에 대한 발견과 깨달음을 얻어내려 한다는 점이다. 또한 시적인 함축성과 메타포어를 동원하기도 하고, 타인의 작품을 빌려와 자신의 사상과 감성을 전하는 수법을 쓰기도 한다.

그의 문체는 온고지신의 정감이 흐르고, 완만하면서도 부드럽고 여유를 준다. 마치 독자들에게 옛날 얘기를 들려주는 듯한 자애로운 마음이 있다. 옛 할아버지가 귀여운 손자를 무릎에 앉혀놓고 들려주는 고소하고 편안한 옛날 얘기는 아무리 들어도 싫증이 나기는커녕 따스한 온기와 마음으로 전해오는 느낌을 받는다. 한석근의 5매수필은 참신성과 실험성보다 우리 것에 대한 애착과 서정의 음미를 맛보여 주는 데 있다. 자연과 우리 문화재를 바라보면서 편안하게 귀를 기울여 보는 시간을 갖게 한다.

올해도 어김없이 매화가 꽃망울을 터트렸다.

이십여 년 전 창원에 있는 분재묘상盆栽苗商에서 토종 청매를 너댓 그루 구해서 분에 올렸다. 정성을 쏟았더니 탈없이 잘 자라서 해마다 2월 초순이 되면 어김없이 꽃을 피운다.

여린 꽃잎에서 피는 방훈芳薰에 반해 손벌리는 이웃에게 나눠주고 이제 두 그루가 남았다. 그중 한 그루를 오늘 아침 거실에다 옮겨 놓았더니 온 방 안에 방향청복芳香青福이 가득하다.

며칠 후면 옛 친구가 온다는데 혼자 앉아 향을 맡으려니 쑥스러워서 한 분盆은 꽃망울이 벙글지 않게 노지露地에 두고 한풍을 쐬야겠다. 좋은 청향을 벗에게 선물하려니 마음이 설렌다.

—〈매향梅香〉 전문

〈매향〉은 매화 분재를 사와 기르면서 느낀 소회를 적은 글이다. 방훈에 반해 손 벌리는 이웃에게 나눠주고 남은 두 그루에서 꽃망울이 맺힌 분재를 며칠 후에 찾아올 벗을 위해 노지에 두고 한풍을 쐬어야 하겠다는 문사다운 마음을 나타내고 있다. 매화 분재를 사오고, 다른 사람에게 나눠주고, 남은 두 그루에서 꽃망울이 맺혔다는 서술은 평범한 전개이다. 그러나 '며칠 후면 옛 친구가 온다는데 혼자 앉아 향을 맡으려니 쑥스러워서 한 분盆은 꽃망울이 벙글지 않게 노지露地에 두고 한풍을 쐬야겠다' 는 대목에 이르러서야 작품의 의도가 드러난다. 마침내 '좋은 청향을 벗에게 선물하려니 마음이 설렌다' 는 이르러선 작가의 역량이 향기를 뿜는다. 비로소 독자들에게 매화 향기를 선물한다.

지난 60년대에 세계의 영화시장을 놀라게 했고 관람객들에게 흥미와 감동을 주었던 영화 〈10계〉를 생각하며 바닷길을 걷는다.

간만干滿의 조수 차이를 모를 때 같으면 신神의 계시라 해도 믿지 않을 사람이 없을 만큼, 꼭 기적과 같이 바닷물이 물러난 길을 지난다. 어쩌면 믿기지 않을 현상이다.

무의도舞衣島에서 이어지는 섬과 섬의 연육지連陸地 같은 길을 따라 실미도를 찾았다. 우거진 숲이 마음을 끄는 섬은 섬이 아니라 야산이다. 넓지 않은 면적을 빙 둘러싼 나무들과 꽃들이 마치 동화 속에서나 있음직한 그런 곳이다.

잿빛 바다와 진초록의 수림과 푸른 하늘이 이루어 낸 실미도 풍경은 한 폭의 낙원이다. 자연스럽게 된 해당화가 엷은 갯바람에 잎새를 살랑이고, 붉게 익은 보리수 열매가 유년을 손짓한다. 키대로 자란 팽나무, 산벚나무, 화려하게 하얀 계절의 드레스를 입은 아카시아, 한껏 남성미를 자랑하는 듯 억센 바늘잎의 해송이 한 뼘의 공간도 없이 저마다 수형을 뽐내며 건강하다.

산능선 가파른 길을 따라 오르니 그토록 유명세를 탔던 실미도의 특공대 단원들이 머물렀던 그 현장엔 자연 그대로의 해안뿐이었다. 무시로 해안을 어루만지는 바닷물과 바위, 풀과 나무들, 바람과 햇살만 있을 뿐, 텅 빈 모래벌판엔 원시의 섬이 실소失笑하듯 나뭇잎을 띄우는 물결 소리만 아련하다.

돌아오는 뱃길에 물에 빠져 허우적이는 남근바위를 바라보며 시 한 편을 건진다.

남근바위

아직 포경包莖도 하지 않은
남근男根바위가
아침엔
짝 잃어 토라진 형상이더니
해질 녘 들물에 젖어 청춘이다.
시작도 끝도 없고
끝도 시작도 없는
실미도 풍경
저녁석 좀 봐, 남근바위
부끄러움도 없이
슬며시
노을 속에 빠져든다

—〈실미도, 이 하루〉 전문

〈실미도, 이 하루〉는 〈실미도〉라는 영화로 깊은 인상을 남겨 놓은 현장을 찾아 하루를 보내며 얻은 단상이다. 낙원을 연상시키는 자연환경, 죄수 출신으로 조직된 특수 요원들의 훈련 과정과 그들이 자폭할 수밖에 없는 비극적인 장면이 점철되는 영화 장면을 떠올리게 한다. 분단 현실의 비극성을 선명히 부각시킨 이 영화는 관객 동원에도 당시 큰 기록을 올리기도 했다. 낙원과 지옥, 삶과 죽음의 대비가 함축 속에 흐르고 있다. 이 작품에서 눈여겨볼 사항은 〈남근바위〉라는 자작시로 마무리를 하고 있다는 점이다. 전개돼온 이미지와 시 〈남근바위〉의 이미지가 결부되느냐, 충돌 혹은 혼란을 야기하느냐에 있다. 작자의 이미지를 전연 엉뚱하게 대체시킴으로써 독자들에게 자연스런 상상력을 자극하고 해석하게 만든다. 일종의 낯설기 기법의 구사이다. 〈실미도〉에 나오는 자폭하는 남자들의 삶을 '남근바위'와 비교함으로써 산문적인 구체성의 설명을 피하고, 시적인 상상으로 끌어들이고 있다.

새벽부터 김영감은 이집 저집을 돌아다니며 뱃사람을 깨우느라 바빴다.

하늬바람이 사나운 겨울 바다는 해안을 향해 달려오는 파도가 거셌지만 김영감은 바다로 나가 어장漁場물을 보고 싶어 좀이 쑤셨다.

아침해가 솟은 지도 한참이 지나서야 어부들은 하나 둘 모여들었고, 맨 나중에 어장 배의 선장 격인 고사공이 나왔다. 그제서야 모인 사람들은 바다로 가자느니, 파도가 거세니 가지 말자는 의견이 분분했다. 듣고 있던 김영감은 행여 배가 바다로 나가지 않을까봐 엇갈리는 의견 따위는 무시해 버리고 어장물을 보러 가야 한다고 핏대를 세우며 우겨댔다.

어젯밤 꿈에 흰 옷을 입은 노인이 나타나서 그물 가득히 방어떼가 들었으니 빨리 가서 어장물을 보라며 잠을 깨우던 모습이 선명하게 떠올랐다.

김영감이 어장배를 탄 지도 꽤 오래되었고, 선원들 가운데 가장 연장자였기에 고사공 다음으로 말발이 셌다. 김영감의 성화에 못 이겨 뱃사람들은 어장배에 올랐고 얼마 후 포구를 떠났다.

선착장에 모였던 마을 사람들은 근심 어린 눈길로 바다로 나서는 그들을 보았으나 고사공이 승선했으니 한결 안도의 빛을 띠기도 했다.

동력선이 아닌 목선을 타고 나간 어장배가 막 물목을 빠져나갈 즈음 갑자기 일어난 찬절(물속파도)은 사정없이 선수船首를 강타했고, 순간 방향을 잃은 배는 기우뚱하며 뒤따라 달려오는 파도에 밀려 뒤집히고 말았다.

다섯 사람 선원 가운데 젊은 세 사람은 헤엄쳐 나왔고, 고사공은 널빤지를 잡고 한바다로 떠밀려 나갔다. 그러나 김영감의 모습은 어디에도 없었다. 늙은 몸을 추스르지 못해 수중고혼이 되고 말았다.

며칠 후 시신은 잠수부들에게 인양되어 화장했고, 뼈는 어장의 앞바다에 뿌려졌다. 김영감이 꾼 만선의 꿈도 속절없이 바람결에 날리는 한줌 재와 더불어 그 바다로 사라졌다.

—〈만선의 꿈〉 전문

〈만선의 꿈〉은 소재의 출처가 분명하지 않다. 화자가 보통 '나'로 시작하는 수필 형식이 아니라, 제3인칭으로 소설의 기법을 취하고 있다. 〈실미도, 이 하루〉가 시적인 실험성이라면, 〈만선의 꿈〉은 소설적인 실험성을 보여준 작품이다. 어촌의 경제적 어려움과 어부들의 열악한 삶을 극단적으로 그려내고 있다. 작자의 감정 개입을 없애고, 상황 전개와 실황만으로 독자들이 스스로 느끼게 만들고 있다. 간결하고 군더더기가 없으면서도 여운을 주는 글이다.

서른두 살 때 분재와 인연을 맺었다. 손꼽아 보니 벌써 30년이다. 자녀를 낳아 길렀으면 다들 출가시켰을 테지만 그러지 못한 분재는 내 곁을 떠나지 않고 응석받이로 동고동락하고 있다.

여름엔 단 하루도 돌보지 않으면 곧 목마름에 겨워 잎이 시들고, 꽃은 그 색깔과 향기를 잃고 만다. 이런 형편이니 며칠 동안 휴가를 얻어 집을 비우고 떠나려니 분재들이 발목을 잡는다.

불가에서는 이런 경우를 들어 애물단지, 즉 '라훌라' 라고도 말하겠지만 분재를 애지중지하는 내 경우는 그렇게 말할 수는 없다. 다만 소유와 무소유의 차이가 있긴 하나 소유자의 불편스러움이 있을 뿐, 후회한 적은 없다.

30년을 길러오면서 온갖 희로애락을 다 겪었기에 귀찮거나 짜증스럽게 생각된 적도 없다. 다만 신혼시절이 지나면 권태가 오듯 10여 년 전 분재에 대한 권태를 조금 겪은 적은 있으나 그것도 잠시뿐이다.

젊을 때는 마당 가득히 놓인 분재의 수가 700점이 넘던 것이, 지금은 200여 점만 기른다. 꽃 피어서 향기로운 화목花木류, 단풍 들어 아름다운 잡목雜木류, 꽃과 탐스러운 열매를 보는 과목果木류, 사철 변함 없이 푸른 송백松柏류, 다년생 구근생球根生인 초물草物류는 저마다 독특하고 아름다운 특성과 미를 자랑한다.

올여름도 긴 장마가 있었으나 초여름과 늦더위로 물 주느라 제법 땀을 흘렸다. 귀찮기는커녕 오히려 물을 주고 있으면 내가 소낙비를 맞는 것 같아 시원함을 느낀다.

올해로 분재를 기른 지가 30년이다. 분재는 인간이 즐기는 노리개가 아닌 살아 있는 생명체이기 때문에 우주만상을 분재에서 깨닫게 된다. 오늘도 자연의 오묘한 질서와 섭리를 깨달으며 분재 곁에서 고려 때 전록생이 쓴 〈영분송詠盆誦〉을 되새겨본다.

산속의 나무 풍상 겪은 모습
화분에 옮겼더니 그 또한 기묘하네
동량의 재목될지 아직은 모르지만
서재에서 마주보면 마음이 통한다네

—〈분재 곁에서〉 전문

〈분재 곁에서〉는 한석근 수필가의 삶의 내부를 그대로 보여준다. 삶의 한복판의 모습을 그린다면, 분재 분들이 놓여 있지 않을까 생각한다. 분재들은 마치 작자의 분신들이나 다름없을 듯하다. 분재는 자나 깨나 가까이 하고 생활해온 일생이며, 직업과도 관계가 있다.

'인간이 즐기는 노리개가 아닌 살아 있는 생명체이기 때문에 우주만상을 분재에서 깨닫게 된다. 오늘도 자연의 오묘한 질서와 섭리를 깨달으며 분재 곁에서 고려 때 전록생이 쓴 〈영분송詠盆誦〉을 되새겨본다'

한석근 수필가가 밝혔듯이 '분재' 는 그에게서 우주만상과 자연의 오묘한 질서와 섭리를 깨닫게 하는 벗이요 우주가 되고 있다.

4. 한석근의 5매수필 맛

본고에서 간략하게나마 '5매수필의 대두' '5매수필 대두의 배경' '한석근의 5매수필' 을 관망해 보았다.

한석근의 5매수필은 자연에서 얻은 오묘한 질서와 섭리를 담고 있고, 정의 미학과 전통정서를 바탕으로 한 휴머니즘과 온고지신溫故知新의 삶의 자세를 보여준다. 5매수필의 효용성을 높이기 위해 시적인 기법의 구사와 접목, 또한 소설적인 운용을 보여주는 실험성도 취하고 있다. 문장이 편안함을 주고 운치와 멋을 찾으려는 경향도 있다. 눈에 거슬리는 부분으론 한자어의 남용을 들 수 있다. 4자성어 등 한자어의 남용은 젊은 독자들에겐 호감을 주지 못하므로 재고가 필요하다.

한석근의 5매수필은 형식에 걸맞게 내용과 읽을 맛을 적절히 균배시킨 흔적을 보이며 시대감각과 독자들의 기호에 호응하려는 적극적인 자세에서 이뤄진 성과물이라는 것을 확인한다.

마음의 선물

韓石根 5매수필의 맛

찍은날 2008년 10월 15일
펴낸날 2008년 10월 20일

지은이 韓 石 根
펴낸이 오 하 룡
펴낸곳 도서출판 경남
631-430 마산시 서성동 66-18
☎(055)245 - 8818~9
http://gnbook.tistory.com
e-mail:gnbook@empal.com
(등록 제2호 1985. 5. 6)
편집팀 | 오태민 심경애 구도희

ISBN 978-89-7675-524-7-03810
〔값 10,000원〕